ドイツ語
不定詞・分詞

Infinitiv und Partizip im Deutschen

福元 圭太 著
嶋﨑 啓

東京 **大学書林** 発行

まえがき

　大学書林「ドイツ語文法シリーズ」の刊行は1999年に開始され，2008年にその第Ⅰ期全10巻が完結した．当初「ドイツ語文法シリーズ」は第Ⅱ期10巻をも刊行する予定であった．本書はもともと，この「ドイツ語文法シリーズ」第Ⅱ期10巻の一環を構成すべく企画されたものであった．しかし，諸般の事情により第Ⅱ期シリーズの刊行が取りやめとなったため，このたび単独で刊行されることとなった．

　初級のドイツ語教科書で不定詞を詳しく説明するものはあまり多くない．たいていのものはzu不定詞の用法に触れるくらいで，あとは話法の助動詞や未来形など，他の文法項目を説明する際にその名を挙げる程度である．また分詞にいたっては一つの学習項目として扱わないこともめずらしくない．ところが実際のドイツ語の文章にあたってみると，この二つは至る所に現れ，その理解が文全体の理解の要になることもしばしばである．不定詞が文中のどこと関連しているのか，分詞の冠飾句とは何を意味するのかといったことを正確に判別するためには，その用法と意味に習熟する必要がある．そこで本書は特に不定詞と分詞を取り上げて，包括的に教えることを試みた．なお不定詞は福元圭太が，分詞は嶋﨑啓が執筆を担当した．

　「ドイツ語文法シリーズ」は「ドイツ語文法の入門課程を終えた人々が中・上級者としての知識を身につける基礎を提供する」（「ドイツ語文法シリーズ」刊行のことば）ことを目指したものであり，本書の眼目もそこにある．しかし中・上級の学習者のみならず，すでに教壇に立たれ，ドイツ語を教授されている方々にもお役立ていただければ幸いである．

　本書の企画・執筆の諸段階で，「ドイツ語文法シリーズ」全体の編集者である浜崎長寿先生，乙政潤先生，（故）野入逸彦先生には，懇切にご指導いただいた．ここに深く感謝の意を表したい．また，1999年から本書の執筆が開始されたにもかかわらず，2012年になってようやく刊行に至ったのは ── 2011年3月の東日本大震災のため，著者の一人が住む仙台が甚大な被害を受け，最終的な校正が半年以上ストップしたという事情があったとはいえ ── ひとえに著者たちの遅筆のせいである．原稿の仕上がりを辛抱強くお待ちいただいた大学書林にも感謝したい．

　なお本文中の文例で，非文には * を，不可能ではないが不適格な文には (*) を，それぞれ文頭に付した．

2012年1月　著者

目　　次

1. 不定詞 Infinitiv ……………………………………………………… 1

1.1. 不定詞とは何か ……………………………………………………… 1
 1.1.1.　定形と不定形 …………………………………………………… 1
 1.1.2.　不定詞 Infinitiv, 動名詞 Gerundium, zu不定詞 zu-Infinitiv ………… 2
 1.1.3.　単純不定詞と zu不定詞 ………………………………………… 3
 1.1.4.　不定詞の形態と分類 …………………………………………… 3
 1.1.5.　不定詞句の作り方 ……………………………………………… 5

1.2. 単純不定詞の用法 …………………………………………………… 6
 1.2.1.　未来の助動詞 werden とともに ………………………………… 6
 1.2.2.　話法の助動詞 dürfen, können, mögen, müssen, sollen, wollen と
   ともに ……………………………………………………………… 7
 1.2.3.　使役の助動詞 lassen やその他の使役に通じる意味をもつ動詞
   heißen, helfen, lehren, lernen, machen, nennen とともに ………… 8
 1.2.4.　知覚動詞・感覚動詞とともに ………………………………… 12
 1.2.5.　移動・運動を表す動詞とともに ……………………………… 13
 1.2.6.　静止を表す動詞とともに ……………………………………… 14
 1.2.7.　新正書法における分かち書きに関する注意 ………………… 16
 1.2.8.　haben, sein とともに …………………………………………… 18
 1.2.9.　過去分詞の代わりをする不定詞 ……………………………… 19
 1.2.10.　強調構文における単純不定詞（不定詞を文頭に, tun を定動詞
   として強意に）…………………………………………………… 21
 1.2.11.　命令表現 ………………………………………………………… 22
 1.2.12.　強い願望・疑念などの表明 …………………………………… 23
 1.2.13.　wissen と結ぶ間接疑問の省略 ………………………………… 23
 1.2.14.　名詞的に主語として …………………………………………… 24
 1.2.15.　名詞的に述語内容詞として …………………………………… 26
 1.2.16.　先頭の文字を大文字にして中性名詞として ………………… 26

目　次

1.2.16.1.　中性名詞化された不定詞に関する注意事項 …………………… 27
1.2.16.2.　動詞の名詞化のその他の形式 ……………………………………… 31
1.2.17.　名詞・代名詞の言い換えとして ……………………………………… 32

1.3.　zu不定詞 ……………………………………………………………………… 33
1.3.1.　zu不定詞とは何か …………………………………………………………… 33
1.3.2.　zu不定詞の作り方 …………………………………………………………… 34
1.3.3.　zu不定詞句の作り方 ………………………………………………………… 34
1.3.4.　新正書法におけるコンマの有無に関する注意 ………………………… 35

1.4.　zu不定詞の用法 ……………………………………………………………… 37
1.4.1.　名詞的用法 ……………………………………………………………………… 37
1.4.1.1.　主語として …………………………………………………………………… 37
1.4.1.2.　述語として …………………………………………………………………… 38
1.4.1.3.　目的語として ………………………………………………………………… 41
　　　　A）　動詞の目的語として ……………………………………………… 41
　　　　B）　相関詞 ………………………………………………………………… 42
　　　　C）　haben + zu不定詞など ………………………………………… 45
　　　　D）　brauchen/pflegen/wissen + zu不定詞など ……………… 47
　　　　E）　形容詞の目的語として ………………………………………… 48
1.4.2.　形容詞的用法 …………………………………………………………………… 50
1.4.3.　副詞的用法 ……………………………………………………………………… 53
1.4.3.1.　um ... zu不定詞 …………………………………………………………… 53
　　　　A）　結果を表すum ... zu不定詞 …………………………………… 55
　　　　B）　絶対的用法 …………………………………………………………… 56
1.4.3.2.　ohne ... zu不定詞と [an]statt ... zu不定詞 ………………………… 57
1.4.4.　強い願望・疑念などの表明 ………………………………………………… 58
1.4.5.　関係代名詞とともに ………………………………………………………… 59

1.5.　不定詞の意味上の主語 ……………………………………………………… 59
1.5.1.　文の主語と不定詞の意味上の主語が同一の場合 …………………… 60
1.5.2.　文の4格目的語と不定詞の意味上の主語が同一の場合 …………… 64

目　次

1.5.3. 文の3格目的語と不定詞の意味上の主語が同一の場合 ……………… 66
1.5.4. 文の前置詞格目的語と不定詞の意味上の主語が同一の場合 ……… 67
1.5.5. 不定詞の意味上の主語が文中に認められない場合 ……………… 68
1.5.6. 不定詞の意味上の主語が不定詞の動詞の意味によって決まる場合 … 69

1.6. 不定詞の「時」 …………………………………………………… 70

1.7. zu不定詞[句]による副文の書き換え ……………………………… 71
1.7.1. dass文が主語文の場合 …………………………………………… 71
1.7.2. dass文が述語内容詞にあたる場合 ……………………………… 72
1.7.3. dass文が目的語文の場合 ………………………………………… 73
　1.7.3.1. dass文とzu不定詞[句]相互の書き換えが制限される場合 …… 74
　　　A) zu不定詞[句]しか可能でない場合 …………………………… 75
　　　B) dass文しか可能でない場合 …………………………………… 78
　　　C) dass文が可能でzu不定詞[句]も制限つきで可能な場合 …… 79
1.7.4. dass文などが副詞的成分にあたる場合 ………………………… 81
　1.7.4.1. 〈dass ... 〉 ⇒ 〈um ... zu 〜〉 …………………………………… 81
　1.7.4.2. 〈so ... , dass ... 〉 ⇒ 〈so ... , [um] ... zu 〜〉 ……………………… 81
　1.7.4.3. 〈damit ... 〉 ⇒ 〈um ... zu 〜〉 …………………………………… 81
　1.7.4.4. 〈zu ... , als dass ...〉 ⇒ 〈zu ... , um ... zu 〜〉 …………………… 82
　1.7.4.5. 〈ohne dass ...〉 ⇒ 〈ohne ... zu 〜〉 …………………………… 82
　1.7.4.6. 〈[an]statt dass ...〉 ⇒ 〈[an]statt ... zu 〜〉 …………………… 83
1.7.5. dass文が付加語文である場合 …………………………………… 83
1.7.6. 条件を表す副文の短縮 …………………………………………… 83
参考文献一覧 …………………………………………………………… 85
引用文献一覧 …………………………………………………………… 87

2. 分詞 Partizip ……………………………………………………… 88

2.1. 分詞とは何か ……………………………………………………… 88

2.2. 現在分詞 …………………………………………………………… 88

目　次

2.2.1. 現在分詞の形態 …………………………………………… 88
2.2.2. 付加語的に用いられた現在分詞 ……………………………… 89
2.2.2.1. 現在分詞が表す「時」 ……………………………………… 90
2.2.2.2. 名詞との結びつきの論理性 ………………………………… 93
2.2.2.3. 現在分詞を付加語的に用いることができない動詞 ………… 95
2.2.3. 述語的に用いられた現在分詞 ………………………………… 98
2.2.4. 副詞的に用いられた現在分詞 ………………………………… 100
2.2.4.1. 副詞化した現在分詞 ………………………………………… 101
2.2.5. 現在分詞が伴うことができる文肢 …………………………… 101
2.2.6. 現在分詞を基礎語とする複合語 ……………………………… 103
2.2.7. 純粋な形容詞と見なされる現在分詞 ………………………… 106

2.3. 過去分詞 …………………………………………………………… 108
2.3.1. 過去分詞の形態 ………………………………………………… 108
2.3.1.1. ge- がつかない過去分詞 …………………………………… 109
2.3.1.2. 過去分詞の作り方に関する注意 …………………………… 109
2.3.2. 付加語的に用いられた過去分詞 ……………………………… 112
2.3.2.1. 過去分詞を付加語的に用いることが可能な動詞 ………… 116
2.3.2.2. 再帰動詞の過去分詞 ………………………………………… 118
2.3.2.3. 過去分詞が表す「時」 ……………………………………… 121
2.3.2.4. 能動を表す他動詞の過去分詞 ……………………………… 125
2.3.2.5. 名詞との結びつきの論理性 ………………………………… 126
2.3.2.6. 過去分詞が伴うことができる文肢 ………………………… 127
2.3.2.7. 過去分詞を基礎語とする複合語 …………………………… 128
2.3.2.8. 純粋な形容詞と見なされる過去分詞 ……………………… 130
2.3.3. 述語的に用いられた過去分詞 ………………………………… 132
2.3.3.1. 受動と完了 …………………………………………………… 135
2.3.3.2. 完了形ではない haben + 過去分詞 ………………………… 136
2.3.3.3. 状態受動ではない sein +〈他動詞の過去分詞〉 …………… 138
2.3.4. 副詞的に用いられた過去分詞 ………………………………… 138
2.3.4.1. kommen +〈自動詞の過去分詞〉 …………………………… 140
2.3.5. 過去分詞による命令表現 ……………………………………… 142

目　次

2.4.　未来受動分詞 ………………………………………………… 143
　2.4.1.　未来受動分詞の形態 ……………………………………… 144
　2.4.2.　未来受動分詞の意味 ……………………………………… 144
　2.4.3.　未来受動分詞を作ることが可能な動詞 ………………… 146

2.5.　分詞の名詞化 ………………………………………………… 147

2.6.　分詞の否定形 ………………………………………………… 148

2.7.　分詞の比較表現 ……………………………………………… 149

2.8.　分詞から作られる派生語 …………………………………… 152

2.9.　分詞構文 ……………………………………………………… 152
　2.9.1.　付加語的分詞構文 ………………………………………… 153
　2.9.2.　副詞的分詞構文 …………………………………………… 156
　　2.9.2.1.　様態を表す副詞的分詞構文 ………………………… 156
　　2.9.2.2.　方法を表す副詞的分詞構文 ………………………… 157
　　2.9.2.3.　時間を表す副詞的分詞構文 ………………………… 158
　　2.9.2.4.　原因を表す副詞的分詞構文 ………………………… 160
　　2.9.2.5.　条件を表す副詞的分詞構文 ………………………… 161
　　2.9.2.6.　認容を表す副詞的分詞構文 ………………………… 161
　　2.9.2.7.　比較を表す副詞的分詞構文 ………………………… 162
　　2.9.2.8.　意味上の主語が文の主語と一致しない副詞的分詞構文 ……… 163
　2.9.3.　絶対的用法 ………………………………………………… 164
　　2.9.3.1.　条件および比較を表す絶対的用法 ………………… 164
　　2.9.3.2.　状況を表す絶対的用法 ……………………………… 167
参考文献一覧 ………………………………………………………… 170
引用文献一覧 ………………………………………………………… 172

語彙索引・ドイツ語事項索引・日本語事項索引 ………………… 174

ドイツ語
不定詞・分詞

1．不定詞 Infinitiv

1.1． 不定詞とは何か

1.1.1． 定形と不定形
　動詞は定形として用いられるか不定形として用いられるかのどちらかである．
　　(1) Ich <u>wohne</u> in Fukuoka.（私は福岡に住んでいる．）
　　(2) Er <u>muss</u> noch **arbeiten**.（彼はまだ仕事をしなければならない．）
　　(3) Er <u>wird</u> bald **kommen**.（彼はまもなく来るだろう．）
　　(4) Sie <u>hat</u> Deutsch **gelernt**.（彼女はドイツ語を学んだことがある．）
　上の各例文で下線を引いた<u>wohne, muss, wird, hat</u>は定形，ゴシック体にした**arbeiten, kommen, gelernt**は不定形である．
　定形とは，文の主語の人称Person・数Numerus，法Modusおよび時制Tempusによって規定された，したがってそれらについての情報を含んでいる動詞の形である．「主語の人称・数，法および時制に応じて<u>定まった</u>」という意味で定形finite Verbformという．これはまた定動詞とも呼ばれる．
　これに対して不定形とは，主語の人称・数，法および時制の制約によらず，したがってそれらについての情報を含んでいない動詞の形を呼ぶときの総称である．「主語の人称・数，法および時制に応じて<u>定まっているのではない</u>」という意味で不定形infinite Verbformという．
　不定形に分類されるのは，不定詞Infinitiv，現在分詞Partizip Präsens/Partizip I /1. Partizip，および過去分詞Partizip Präteritum/Partizip Perfekt/Partizip II /2. Partizipである．以上のように不定形と不定詞は同義ではない．不定詞は不定形の一つなのである．以下では不定詞について述べる（分詞に関しては → 2.以下）．

　定形の動詞（定動詞）は不定形によって意味を補われることがある．
　　(5) Er *geht* **schwimmen**.（彼は泳ぎに行く．）

(6) Er *lernt* **reiten**.（彼は乗馬を習う．）

(5) では定形gehtは不定形schwimmenによって「食事のために」でも「買い物のために」でもなく「泳ぐために」と，また(6)では定形lerntは不定形reitenによって「習う」のが「ピアノを弾くこと」でも「料理」でもなく「馬に乗ること」であると意味を補われる．このような不定形の使用はドイツ語，英語に共通して，以前は現在よりも多く行われていた．beginnen（始める），erlauben（許可する），raten（助言する），suchen（…しようと努める）なども以前は不定詞とともに用いられた．しかし今日ではzuの付いた不定詞とともに使われる．

1.1.2. 不定詞Infinitiv，動名詞Gerundium，zu不定詞zu-Infinitiv

　不定詞はドイツ語の動詞の基本的な形であり，辞書などでは動詞の見出し語となる．不定詞は動詞のもつ意味を，いわば名詞的概念としてとらえたものであって，名詞的性格を帯びている．それを言い表すために，不定詞Infinitivという名称の他にNennform（動詞の挙形 ― 動詞の概念のみを呼ぶときの形 ―）あるいはGrundform（動詞の原形）と呼ばれることもある．

　古高ドイツ語期（750年頃～1050年頃）には動詞を名詞として使う場合，1格と4格には不定詞が，2格には語尾 -nnesが，3格には -nneを添えた形が使われた．例えば，1格nëman，2格nëmannes，3格nëmanne，4格nëman（新高ドイツ語 Nehmen<nehmen）などである．これらのうち2格形および3格形は動名詞Gerundium（英語のgerundに相当する）と呼ばれた．1格と4格に不定詞が名詞として使われたのは，不定詞の起源が動作名詞nomen actionisに発すると推測されており，その性質が名詞に類似しているからである．今日頻繁に中性名詞化される（essen → das Essen「食べること；食事」，schreiben → das Schreiben「書くこと；書簡」）のも，この由来による．

　2格に語尾 -nnesが，3格に語尾 -nneが添えられた動名詞は，中高ドイツ語期（1050年頃～1350年頃）まで保持されていた（例：singen「歌うこと」，2格singennes，3格singenne）．このうち2格形は普通の中性名詞の2格と同様に使用され，所有代名詞を伴うこともできた（例：mînes singennes「私の歌［うこと］の」）．これに対して3格形は必ず前置詞を伴って使用され，単独の格として使用されることはなかった（例：von singenne「歌［う

1. 不定詞

こと〕によって」). 動名詞の3格は前置詞の中でも特に古高ドイツ語 zi, 中高ドイツ語 ze（新高ドイツ語のzuに当たる）を伴うことが多く，これが後にzu不定詞という用法に発展していったのである（→ 1.3.1）．

中高ドイツ語の不定詞は，今日の不定詞と同様，純粋な動詞としての用法と，名詞的な用法をもっていた．純粋な動詞としての用法では，不定詞は主に他の動詞を補う形で用いられた（例：ër wil singen = er will singen「彼は歌いたい」）．名詞的な用法の場合，他の名詞や形容詞を付加語としてとることはできたが，今日ほど名詞化が自由ではなかったため，1格と4格としてのみ用いられた（例：daz singen dër vrouwen = das Singen der Frau「その女性の歌唱」）．この名詞化する用法が，動名詞の用法と合流し，頭を大書きして名詞化する今日の用法へと至ったのである．

一方，2格と3格に用いられた動名詞は，singennes → singens → singen という経路をたどって変化語尾を失い，zuを伴う用法以外は不定詞と区別がつかなくなった．その結果，動名詞は消滅して不定詞に取り込まれることになったのである．

1.1.3. 単純不定詞とzu不定詞

今日では不定詞を，zuを伴わない単純不定詞（＝純粋不定詞）reiner Infinitiv と，その前にzuを付加したいわゆるzu不定詞 zu-Infinitiv/Infinitiv mit zu に分ける．zuを伴う不定詞については1.3. 以下で述べる．

1.1.4. 不定詞の形態と分類

不定詞は動詞の語幹に -en を付けて作る．

    kommen（来る）　　lernen（学ぶ）　　wohnen（住んでいる）

ただし一部の動詞では語幹に -n を付けて作る．それらは

A) 語幹が -el および -er に終わる動詞

    lächeln（ほほえむ）　　schütteln（揺さぶる）　　zittern（がたがた震える）

B) sein および tun　　である．

なお，語幹がhで終わる動詞の口語形では，語尾 -en のeが欠落し，結果的には語幹に -n だけが残っていることがある．

    gehn（← gehen）（行く）　　stehn（← stehen）（立っている）

lächeln, zittern など -eln, -ern に終わる動詞は，歴史的には本来 -elen, -eren

であったが，語尾に -enを付けると，語幹にある弱アクセントのeと，語尾の弱アクセントのeが連続するため，語尾 -enのeが脱落し -nのみとなった．
  lächelen → lächeln zitteren → zittern

 語尾が -nのみであるような動詞の大部分は，その動詞の意味する動作の様態Aktionsartが，繰り返しの行為を表す反復相iterativか，ある行為を控えめに表す縮小相diminutivである．また擬音的な動詞が多い．
  betteln（物乞いをする＝何度も繰り返し頼む）(cf. bitten頼む)
  schütteln（揺さぶる＝何度も繰り返し揺らす）(cf. schütten揺する)
  lächeln（ほほえむ＝ほのかに笑う）(cf. lachen笑う)
  hüsteln（軽い咳をする）(cf. husten咳をする)
  plätschern（ぱちゃぱちゃと音をたてる）(cf. platschenぱちゃっと音をたてる)
  klappern（ばたばたと音をたてる）(cf. klappenばたんと音をたてる)

 不定詞の形を挙げるときは，能動形だけを示して受動形は示さないのが普通であるが，通例ここに時称の助動詞の不定詞と過去分詞を組み合わせた完了不定詞（過去分詞＋haben／過去分詞＋sein）も加えられるので，不定詞というときは，まず次の二つの形が挙げられる．

A) **能動現在不定詞**（Infinitiv Präsens Aktiv；すべての動詞に関してつくることができる．いわゆる「不定詞」のこと）
  sehen（見る） gehen（行く）
B) **能動完了不定詞**（Infinitiv Perfekt Aktiv；すべての動詞に関してつくることができる）
  gesehen haben（見てしまった） gegangen sein（行ってしまった）

 完了不定詞には時称が関わっていると言えるので，網羅的に列挙しようとすれば，さらに未来に関する次の二つも加えるべきであろう．Dudenの*Die Grammatik*はこの考えを採っている．

C) **能動単純未来不定詞**（Infinitiv Futur I Aktiv）
  sehen werden（見るだろう）
D) **能動未来完了不定詞**（Infinitiv Futur II Aktiv）
  gesehen haben werden（見てしまっていることだろう）

1. 不定詞

　さらに徹底的に網羅的であろうとすると，受動態の不定詞も加えられなければならない．それは次の四つである．

E) **動作受動現在不定詞**（Infinitiv Präsens Vorgangspassiv；他動詞に関してつくることができる）

　　gesehen werden（見られる）　　geöffnet werden（開けられる）

F) **状態受動現在不定詞**（Infinitiv Präsens Zustandspassiv；継続相でない他動詞の一部に関してつくることができる）

　　geöffnet sein（開けられている）

G) **動作受動完了不定詞**（Infinitiv Perfekt Vorgangspassiv；他動詞に関してつくることができる）

　　gesehen worden sein（見られてしまった）

　　geöffnet worden sein（開けられてしまった）

H) **状態受動完了不定詞**（Infinitiv Perfekt Zustandspassiv；継続相でない他動詞の一部に関してつくることができる）

　　geöffnet gewesen sein（開けられてしまっていた）

　現在不定詞は，それが用いられている文の定動詞が示す時称において不定詞の表す行為または状態が同時的に起こっていることを示す．完了不定詞は，それが用いられている文の定動詞が示す時称において，不定詞の表す行為または状態がすでに完了していることを表す（→ 1.6.）．

　（1）Er muss krank **sein**.（彼は病気であるに違いない．）
　（2）Er muss krank **gewesen sein**.（彼は［以前］病気であったに違いない．）
　（3）Du scheinst, fleißig Deutsch **zu lernen**.（君はまじめにドイツ語を勉強しているようだね．）
　（4）Du scheinst, fleißig Deutsch **gelernt zu haben**.（君はまじめにドイツ語を勉強したようだね．）

1.1.5.　不定詞句の作り方

　不定詞に目的語や副詞が加わったものを不定詞句と呼ぶ．不定詞句の中では，不定詞が最後に位置する．英語の不定詞が不定詞句の先頭に置かれるのと著しい対照をなすが，ドイツ語の不定詞句は日本語の語順と一致することが多い（→ 1.3.3.）．

Deutsch　　lernen
ドイツ語を　学ぶ
in der Stadt　wohnen
　町に　　　　住む

heute Abend　mit ihr　ins Kino　gehen
　今夜　　　彼女と　　映画へ　　行く
参照　　**go**　　　to the movies　with her　tonight
　　　　行く　　　　映画へ　　　彼女と　　今夜

助動詞が加わると，助動詞が最後に位置する．
　　Deutsch　　lernen　　müssen
　　ドイツ語を　学ば　　なくてはならない
　　in der Stadt　wohnen　wollen
　　　町に　　　　住み　　　たい

1.2. 単純不定詞の用法

　後に述べるzuの付く不定詞に対してzuのない不定詞を単純不定詞と呼ぶ．単純不定詞の用法は以下のとおりである．

1.2.1. 未来の助動詞werdenとともに

　werdenを助動詞としてこれに本動詞として結ぶ．werdenは本来，Ich werde Lehrer.（私は教師になる），Er wird krank.（彼は病気になる）など，「…になる」という意味の動詞であり，未来形はもともと〈werden＋現在分詞〉という形式であった．それが不定詞と結ぶように変化してきたのである．Ich *werde* ihr einen Brief **schreiben**.も，もとは「私は彼女に手紙を書くようになる」の意味であったが，このことからwerdenがしだいに未来の助動詞と解釈されるようになったのである．なお，〈werden＋不定詞〉は「未来」のほか，特に主語が1人称の場合は「意志」，2人称の場合には「話し手の要求・命令」，3人称の場合には話し手の「推量」などを意味することがある（→ ドイツ語文法シリーズ第1巻『ドイツ語文法研究概論』1.2.18.3.）．

1. 不定詞

(1) Ich *werde* ihr einen Brief **schreiben**.（私は彼女に手紙を書くだろう.）［未来／意志］

(2) Es *wird* morgen **regnen**.（明日は雨になるだろう.）［未来／推量］

(3) Was *wirst* du morgen **tun**? — Ich *werde* zu Hause **bleiben** und **lesen**.（明日は何をするつもり？ — 家にいて，読書をするつもりだ.）［意志］

(4) Du *wirst* jetzt deine Hausaufgaben **machen**.（そろそろ宿題をすませなさい.）［話し手の要求・命令］

(5) Er *wird* jetzt in München **sein**.（彼は今ミュンヒェンにいるのだろう.）［話し手の現在の推量］

(6) Nächstes Jahr *wird* sie ihr Studium beendet **haben**.（来年には彼女は大学を卒業してしまっているだろう.）［未来完了］

(7) Er *wird* inzwischen schon zu Hause angekommen **sein**.（彼はそうこうしているうちにもう家に着いてしまったのだろう.）［（未来完了形による）話し手の完了したことに対する推量］

確実に生じる近接未来の出来事を表すのに未来形を使うことはない．現在時称で表すのが普通である．

(8) Ich *fahre* morgen nach Tokio.（私は明日東京へ行きます.）

1.2.2. 話法の助動詞 dürfen, können, mögen, müssen, sollen, wollen とともに

これらの助動詞は歴史的には他動詞であり，もとは4格の目的語を取っていた．このような由来から動詞の名詞的形態である不定詞を目的語として取ることとなったのである（個々の話法の助動詞の意味・用法などについては → ドイツ語文法シリーズ第1巻『ドイツ語文法研究概論』1.2.21.）．

(1) Man *darf* den Tag vor dem Abend nicht **loben**.（Sprichwort）（夜が来る前にその日のことを**ほめてはならない**.）

(2) Sorgen ertrinken nicht in Alkohol. Sie *können* **schwimmen**.（H. Rühmann）（憂さは酒に溺れ死にしない．奴らは**泳ぐことができる**.）

(3) Wer **gehen** *will*, den *soll* man nicht **halten**.（Sprichwort）（去ろうとするものを止めるべきではない＝去るものは追わず.）

(4) Wer in seinem Hause Frieden **haben** *will*, der *muss* **tun**, was die Frau will.（Sprichwort）（家庭を平和に保ちたいなら妻の言う通りにしなけ

ればならない．)

(5) Als ihn der Riese sah, *mochte* er gar nicht mit ihm **kämpfen**, denn er war ihm gar zu klein, [...]. („Das tapfre Schneiderlein") (大男が彼（＝勇敢な仕立屋）を目にすると，大男はこんな奴とはまったく闘いたくなくなりました．だって仕立屋は自分と比べてあまりにちっぽけだったからです．)（「勇敢な仕立て屋」）

例文 (4) の末尾，was die Frau will のwollenは本動詞としての用法である．このようにwollenならびに「好む」という意味のmögenは本動詞として使われることも多い．

(6) Man *muss* **tun**, wie man kann, und nicht, wie man mag. (Sprichwort) (したいようにしてではなく，できるようにやらなくてはならない．)

また，wollen, mögenのあとで，断言的，確信的な表現を行うときは現在不定詞ではなく，形式としては完了不定詞を用いる．しかしここで使用されている過去分詞は本来，4格の名詞を説明する受動の意味の述語である．

(7) Das *will* ich dir **geraten haben**! (ぜひそれを君に薦めておきたい＝私はそれ（das）を君に**薦められた**状態で保持したい．)

(8) Ich *will* damit gar nichts gegen ihn **gesagt haben**. (こう言ったからといって何も私は彼を攻撃したつもりはありません＝攻撃されるようなことを彼は何も言われなかった（nichts gegen ihn gesagt）という状態を保持したい．)

(9) Das *möchte* ich dir als Freund **gesagt haben**. (友達としてこれだけは言っておきたい＝私はこれ（das）を君に言われた状態で保持したい．)

1.2.3. 使役の助動詞lassenやその他の使役に通じる意味をもつ動詞heißen, helfen, lehren, lernen, machen, nennenとともに

使役の助動詞lassenや，同様に使役に通じる意味をもつ動詞と結ぶ．個々の動詞の用例と注意点を以下に挙げる．

A) lassen（…させる）

(1) Er *lässt* seinen Sohn den Wagen **waschen**. (彼は息子に車を洗わせる．)

1. 不定詞

(2) *Lass* mich bitte **ausreden**!（私に最後まで話させてください．）

Cäsar ließ *die Werkleute eine Brücke* über den Fluss **schlagen**.（シーザーは人足たちを使って河に橋を架けさせた．）のように4格目的語が二つある場合，die Werkleute（人足たち）は定動詞lassenが支配する目的語であり，eine Brücke（橋）は不定詞schlagen（架ける）が支配する目的語であることは明確だが，4格目的語が一つしかない場合，それを支配するのが定動詞であるのか不定詞であるのか不明確なことがある．

例えばIch lasse ihn zeichnen. は「私は［誰かを］彼に描かせる」（ihnは定動詞lassenの目的語）とも「私は［誰かに］彼を描かせる」（ihnは不定詞zeichnenの目的語）とも解釈できる．このように文意が両様に解釈される場合は，どちらの意味であるのかを文脈などから判断しなければならない．

同様の現象は知覚動詞に関しても起こることがある．つまりIch hörte *das Kind* rufen. はdas Kindが定動詞hörenの目的語であるのか，不定詞rufenの目的語であるのかによって「私は子供が［誰かを］呼ぶのを聞いた」とも「私は［誰かが］子供を呼ぶのを聞いた」とも解釈できる．ただしこれらは目的語をそれぞれはっきり言い表してIch hörte das Kind jemanden rufen.（子供が誰かを呼んだ）あるいはIch hörte jemanden das Kind rufen.（誰かが子供を呼んだ）とすると誤解の余地はなくなる．

lassen がübrig lassen（残す；übrig|lassenとも綴る）の意味の場合はzu不定詞と結ぶ．

(3) Seine Arbeit *lässt* noch viel **zu wünschen**.（彼の仕事にはまだ遺憾な点が多い＝望むところが多い．）

Lass das Büchlein deinen Freund **sein**.（この小さな本をあなたの友としなさい．）のような文形では，das Büchleinはlassenの目的語であって4格であるが，deinen Freundはseinの述語内容詞であるから本来は1格形dein Freundが正しい．しかし，これを4格のdas Büchleinと一致させて4格形のdeinen Freundにすることが時々ある．この用法のlassenに結ぶ不定詞にはseinの他にbleiben, werdenなどがある．

(4) *Lass* deinen Geburtstag ein schöner Tag（einen schönen Tag）**sein**!（君の誕生日が素敵な日でありますように．）

ただし述語内容詞となっている名詞が，冠詞や付加語形容詞をもたない男性弱変化名詞である場合，たいてい1格形になる．

(5) Ich *lasse* meinen Sohn nicht Soldat **werden**.（私は息子を兵士にはしない．）

(6) Nichts Schöneres, als sich an diesen grauen Januartagen in dunkle Theater- und Kinosäle zu verkriechen und *andere Menschen Mensch sein* zu *lassen*. (Süddeutsche Zeitung, 26. 01. 1995, IDS)（このうらさびしい１月の日々に薄暗い劇場や映画館のホールに潜り込んで他人をまったく気にかけない［他の人間を他の人間としてそのままにしておく］ことほど素敵なことはない．）

B) **heißen**（命じて…させる）

(7) Er *hieß* die Leute **warten**.（彼は人々に待つように命じた．）

(8) *Heiß* mich nicht **reden**, *heiß* mich **schweigen**!（Goethe）（語れとはおっしゃいますな，黙せとお命じください！）

heißenはzu不定詞と結ぶ場合もある．

(9) Er hat mich *geheißen*, heute **zu kommen**.（彼は私にきょう来るよう私に命じた．）

C) **helfen**（助けて…させる）

(10) Ich *helfe* dir **aufräumen**.（片付けのお手伝いをしてあげよう．）

(11) Er *half* ihr den Koffer **tragen**.（彼は彼女がスーツケースを運ぶのを手伝った．）

helfenは，その文の主語と３格目的語が別々の行為に携わる場合，zu不定詞を要求する傾向がある．

(12) Ich *helfe* dir das Buch **suchen**.（私は君と一緒にその本を探してあげよう．）

(13) Ich *helfe* dir, das Buch **zu finden**.（私は，君がその本を見つけられるよう手を貸してあげよう．）

後者の場合「私」が「君」と一緒にその本を探すのではなく，それが成功するように「君」（３格目的語の形のdir）を手助けするのである．

D) **lehren**（教えて…させる）

(14) Not *lehrt* **beten**. (Sprichwort)（苦しいときの神頼み＝困窮は祈ること

1. 不 定 詞

を教える.)

(15) Er hat mich **schwimmen** *gelehrt*.（彼は私に**泳ぎ**を教えてくれた.）

不定詞が規定詞を伴うような場合，多くはzu不定詞と結ぶ.

(16) Ich *lehrte* ihn, mit dem Computer **umzugehen**.（私は彼に，コンピュータの**扱い方**を教えてあげた.）

E) lernen（学ぶ＝教えられて…させられる）

(17) Der Vogel im Käfig *lernt* **singen**.（Sprichwort）（篭の鳥は唄（＝唄うこと）を覚える.）

(18) Sie *lernt* jetzt Auto **fahren**.（彼女は今車の**運転**を習っている.）

(19) Wir müssen immer lernen, zuletzt auch noch **sterben** *lernen*.（M. v. Ebner-Eschenbach）（われわれは常に学ばねばならない，最後には**死ぬこと**をも学ばねばならない.）

不定詞が規定詞を伴うような場合，多くはzu不定詞と結ぶ.

(20) Wir haben *gelernt*, selbstständig **zu sein**.（私たちは自立することを学んだ.）

F) machen（否応なしに…させる）

不定詞は普通，意図的でない行為を意味する動詞である.

(21) Neue Liebe *macht* die alte **vergessen**.（Sprichwort）（新しい恋は昔の恋を**忘れ**させる.）

(22) Allein der Gedanke daran *macht* mich **weinen**.（そんなことを考えただけで**泣き**そうになる.）

(23) Das *macht* mich **lachen**.（そいつはお笑い草だ.）

machenが現在分詞と結ぶこともある.

(24) Das *machte* ihn **rasend**.（それが彼を**激昂**させた.）

G) nennen（名づける＝否応なしに…と呼ばれる＝～をして…たらしめる）

(25) Das *nenne* ich **trinken**.（飲みも飲んだり＝それを私は「**飲む**」と名づける.）

(26) Das *nenne* ich Eulen nach Athen **tragen**.（それはふくろうをアテネに連れて行く（屋上屋を架す）というものだ.）

(27) *Nennst* du das **arbeiten**? (そんなことが仕事だっていうつもりかい.)

　ここに挙げた動詞のうちnennen以外の五つの動詞 (heißen, helfen, lehren, lernen, machen) は, 完了形において過去分詞の代わりに単純不定詞を用いることがある (使役の助動詞としてのlassenの過去分詞はlassenである). これは, 使役動詞 (その他に下記の知覚動詞・感覚動詞) が, zuを介さず他の動詞の不定詞と結び付くという性質から, 話法の助動詞と類似した文法的現象が生じたものである (→ 1.2.9.).

1.2.4. 知覚動詞・感覚動詞とともに

　知覚・感覚を表す動詞, すなわちsich[4] (またはsich[3]) dünken (思いこむ), finden (見い出す), fühlen (感じる), hören (聞こえる), sehen (見える), spüren ([体に] 感じる) などとともに用いられる. またこれらの動詞は, 不定詞[句]の前に4格目的語をも要求し, それが不定詞の表す行為・状態の意味上の主体となる. ただしこの4格目的語は省略される場合がある (→ 1.2.3.).

(1) Er *fühlte* ihr Herz **klopfen**. (彼は彼女の胸の**鼓動**を感じた.)

(2) Ich *höre* ihn ein Lied **singen**. (私には彼が歌を**歌**っているのが聞こえる.)

(3) Er *sah* ihn (= den Becher) **stürzen** und **trinken** und **sinken** tief ins Meer. (Goethe) (彼 (=王) はそれ (=杯) が水に**落ちて**水を**飲み**海の底深く**沈む**のを見ていました.)

(4) Er *spürte* seine Augen feucht **werden**. (彼は目が潤んでくるのを感じた.)

　findenは意味的に感覚動詞とは言い切れないが, 単純不定詞とともに用いられることがある. また, 不定詞ばかりでなく, 現在分詞または過去分詞とともに用いられることもある.

(5) Als ich zurückkam, *fand* ich die beiden auf der Terasse am Tisch **sitzen**. (帰宅すると私は, 二人がテラスでテーブルについているのを見つけた.)

(6) Ich *fand* ihn am Boden **liegend**. (私は彼が床に**横たわっている**のを見つけた.)

(7) Er *fand* viele Männer dort **versammelt**. (彼はたくさんの男たちがそ

こに集まっているのを見い出した．）

　知覚・感覚動詞はここで述べたように単純不定詞を伴うが，完了形を作る場合，ge- の前綴りの付いた過去分詞の代わりに単純不定詞の形を用いることがある．これは，知覚動詞・感覚動詞・使役の助動詞がzuを介さずに他の動詞の不定詞と結び付くという性質から，話法の助動詞と類似した文法的現象が生じたものである（→ 1.2.9.）．

1.2.5. 移動・運動を表す動詞とともに

　移動・運動を表す自動詞 fahren（[乗り物で]行く），gehen（行く），kommen（来る），reiten（馬で行く）および他動詞 führen（導いて行く），legen（横たえる），schicken（行かせる），senden（[つかいに]遣る）などと結んで熟語的に用いられ，目的・目標を表す．頻繁に用いられるものに essen gehen（食事に行く），schlafen gehen（床に就く），einkaufen gehen（買い物に行く）などがある．不定詞はもともと目的や目標を表していたものであるから，この用法に不定詞本来の性質が最もよく保存されていると言える．これらの用法における場合を除けば，目的・目標を表すには通常zu不定詞が用いられる（→ 1.3.1.）．

　(1) Sie *fahren* diesen Sommer wieder **baden**.（彼らはこの夏また**泳ぎに**いく．）
　(2) Die Mutter ist in die Stadt **einkaufen** *gegangen*.（母は街に**買い物に**出かけた．）
　(3) Ich *komme* Sie **warnen**.（私はあなたに**警告しに**来たのです．）
　(4) *Kommt* mit uns Kaffee **trinken**!（私たちとコーヒーを**飲みに**行こうよ．）
　(5) Wollen wir uns nun **schlafen** *legen*?（もう横になって**休み**ませんか．）
　(6) *Schicke* die Kleinen **schlafen**.（子供たちを**寝床に**遣りなさい．）
　(7) Er hat die Tochter Brot **holen** *geschickt*.（彼は娘をパンを**買いに**遣った．）

　spazieren|gehen（散歩する，散歩に行く），spazieren|fahren（ドライブをする，ドライブに出かける），spazieren|reiten（馬で遠乗りをする，馬で遠乗りに出かける）などの spazieren（ぶらぶら歩く，ぶらつく）も，もとはこの用法に属する不定詞であったが，永らく分離動詞の前綴りとされていた．しかし1998年の8月に施行された正書法改定によってspazierenは再び分かち書きされ

ることになり，上と同じ用法に分類されることになった（2006年3月 ― 公的な導入の開始は2006年8月1日 ― の正書法改定による動詞の分かち書きに関しては → 1.2.7.）．

　単純不定詞がseinと共に用いられることがあるが，その場合のseinはgegangen seinまたはgefahren seinの本動詞が省略された形であり，俗語的な用法である．

　　(8) Er *ist* **essen**. (= Er ist essen gegangen.)（彼は食事に行っている．）
　　(9) Das Kind *ist* **spielen**. (= Das Kind ist spielen gegangen.)（子供たちは遊びに行っている．）

1.2.6.　静止を表す動詞とともに

　上記1.2.5.の用法とは反対に，不定詞が静止を表す動詞とともに用いられて，状況を表すことがある．bleiben（［…の状態に］とどまる），liegen（［…の状態で］横たわっている）などが単純不定詞と結ぶ場合である．

　　(1) Die Lage *bleibt* **schweben**.（局面はペンディングの状態だ．）
　　(2) Die Uhr *bleibt* **stehen**, aber die Zeit nicht. (Sprichwort)（時計は止まったままでも時間は止まらない．）
　　(3) Die ganze Stadt *lag* **schlafen**.（町全体が眠りこけていた．）

　単純不定詞を伴うbleiben, gehen, fahren, reitenは，特に比喩的な意味を表す際には分離動詞として扱われることがあった．例えばsitzen bleibenが「座ったままである」を意味するのに対してsitzen|bleibenは「留年する」などの意味となった．この種のものにliegen|bleiben（横たわった（寝た）ままである），hängen|bleiben（引っかかったままである），stecken|bleiben（立ち往生している），stehen|bleiben（立ち止ま［ってい］る／（機械など）が停止する／している）などがあった．また先に挙げたspazieren|gehen, spazieren|fahren, spazieren|reitenも不定詞spazierenは分離動詞の前綴りとされていた．ただしwohnen bleiben（住んだままでいる），leben bleiben（まだ生きている）などでは，不定詞は分離動詞の前綴りとはならなかった．このような微妙な問題をはらんだsitzen|bleibenなども1998年の8月に施行された正書法改定では必ず分かち書きされるようになり，いったんは動詞の単純不定詞を前綴りとするような分離動詞はなくなった．ただし2006年3月の新正書法改定にお

1. 不定詞

いてこの法則には「揺り戻し」があり，かえって複雑な様相を呈することになった（2006年3月新正書法改定による動詞の分かち書きに関しては → 1.2.7.）.

古くは〈bleiben+現在分詞〉の形も行われていた.

(4) Die Türmmer *blieben* lange **lodernd** und **rauchend**. （その廃墟はいつまでもあかあかと燃え，煙をあげていた.）

また〈bleiben+過去分詞〉の形は今日でもしばしば使われる.

(5) Er ist von der Grippe **verschont** *geblieben*. （彼はインフルエンザに罹らずにすんだ.）

〈bleiben+現在分詞〉が現在ではほとんど〈bleiben+不定詞〉に取って代わられた一方で〈bleiben+過去分詞〉の用法が多くあるのは，現在分詞が意味の上で不定詞とほとんど変わりがないのに対して，過去分詞には不定詞では表せない受動および完了の意味があるからである（→ 2.2.2.）.

また，bleiben, liegen などの他に，haben が単純不定形と結ぶ用法もある. 物⁴ stehen haben（物⁴を立ててある），物⁴ liegen haben（物⁴を寝かせてある，物⁴の手持ちがある，物⁴を放置している），物⁴ hängen haben（物⁴を懸けてある）などである. いずれも不定詞の意味上の主語を表す4格と自動詞の単純不定詞をもって構成されるのが特徴である. また俗語的成句としてはeinen hängen haben（一杯機嫌である），eine hängen haben（一発平手打ちをくらう）という用法もある.

(6) Ich *habe* ihr Foto auf meinem Schreibtisch **stehen**. （私は書きもの机の上に彼女の写真を立てている.）

(7) Er *hat* noch viel Arbeit **liegen**. （彼はまだ多くの仕事をかかえている.）

(8) Die Wirtin hinter der Theke ist eine handfeste Person; sie *hat* einen Krüppel griffbereit **liegen**, [...]. (Nossack)（カウンターの向こうにいる店のママはがっしりした体格で，すぐ手の届くところに棍棒を置いていた［…］.）

(9) Sie *hat* gute Kleider im Schrank **hängen**. （彼女はいいワンピースを洋服ダンスに懸けている.）

(10) Er *hat* Geld in der Tasche **klirren**. （彼はポケットにお金をちゃらちゃらいわせてもっている.）

1.2.7. 新正書法における分かち書きに関する注意

　前項 sitzen bleiben（座ったままである），sitzen|bleiben（留年する）の例で見たように，分かち書きする場合は不定詞の示す状態が持続することを意味し，不定詞を前綴りとしてもつ分離動詞の場合は比喩的な意味を担うという傾向があった．また分かち書きされることがすでにほとんどなくなってしまい，不定詞が完全に分離動詞の前綴りとなっている複合動詞も多数あった．例えば spazieren|gehen（散歩する），liegen|lassen（置き忘れる／放置する），stehen|lassen（そのままにしておく），kennen|lernen（知り合う），schätzen|lernen（価値に気づく）などである．これらの動詞は1998年の8月に施行された新正書法改定によって必ず分かち書きされるようになり，いったんは動詞の単純不定詞を前綴りとするような分離動詞はなくなった．しかしながら2006年3月に改定された新正書法では相当な「揺り戻し」があり，分かち書きと分離動詞としての1語書きの両形が可能になったり，意味によっては片方しか可能でなかったりといった，複雑な状況が生じることになった．以下にいくつかの代表的な例を取り上げ，比較してみる．

1. 不 定 詞

～1998年7月	1998年8月～2006年2月	2006年3月以降
kennen|lernen （知り合う）	kennen lernenのみ可能	kennen|lernen kennen lernen 両形可能
liegen|lassen （置き忘れる／放置する） 人⁴ links liegen|lassen （人⁴を無視する）	liegen lassenのみ可能	liegen lassen （放置する） liegen|lassen liegen lassen （置き忘れる）両形可能 人⁴ links liegen|lassen 人⁴ links liegen lassen （人⁴を無視する） 両形可能
sitzen|bleiben （留年する） sitzen bleiben （座ったままでいる）	sitzen bleibenのみ可能	sitzen bleiben （座ったままでいる） sitzen|bleiben sitzen bleiben （留年する）両形可能
bestehen|bleiben （存続する）	bestehen bleibenのみ可能	bestehen bleibenのみ可能
spazieren|gehen （散歩する）	spazieren gehenのみ可能	spazieren gehenのみ可能

　このような現象は1998年7月以前に動詞の不定形を前綴りにもっていた動詞に限らず，形容詞や副詞を前綴りにもっていた動詞に関しても生じている．以下に代表的な例を挙げる．

不定詞・分詞

～1998年7月	1998年8月～2006年2月	2006年3月以降
fertig|bringen （仕事などを成し遂げる／思い切ってやってのける）	fertig bringen （仕事などを成し遂げる／思い切ってやってのける）	fertig|bringen （仕事などを成し遂げる） fertig|bringen fertig brinegn （思い切ってやってのける）両形可能
wieder|sehen （再会する）	wieder sehen （再会する）	wieder|sehen （再会する＝再会を喜ぶ） wieder sehen （再会する＝また出くわす） wieder sehen （また目が見えるようになる）

　ことほどさように，ここ数年の間で新正書法はめまぐるしく変遷した．紛らわしい場合は最新の独独辞典ないし2006年の正書法改定に完全に対応した独和辞典を参照されたい．なお複数のドイツ語の正書法辞典間でまだ統一がとれていない場合もあるので，最終的に正書法が確定するまでにはなお時間が必要であるように思われる．

1.2.8.　haben, seinとともに

　熟語的な言い回しで habenやseinが，gut, schlecht, leicht, schwer などの形容詞を伴って単純不定詞と結ぶことがある．その場合，可能（können）また認容（mögen）の意味になるのが特徴である．
　（1）Du *hast* gut（またはleicht）**reden**．（言うだけなら楽なもんだ＝Du kannst gut（またはleicht）reden．／言いたいだけ言うがいい＝Du magst reden, so viel du willst.）
　（2）Sieger *haben* leicht **reden**．（St. Galler Tagblatt 22. 12. 1997, IDS）（勝

— 18 —

1. 不定詞

者はなんとでも言うことができる.)

(3) Sie *haben* leicht **fragen**, ich aber *habe* schwer **antworten**. (お尋ねになるのは簡単でしょうが, 答える私は大変です.)

(4) Die Dichter und Denker *haben* leicht **träumen**, da sie jedermann verständlich machen können, dass, wie und was sie träumen. (Frankfurter Rundschau 04. 12. 1999, IDS) (詩人や思想家は, 自分たちが夢を見るということ, そしてどのように, どのような夢を見るかということを誰にでも理解させることができるから, 夢を見るのはたやすい.)

(5) Hier *ist* gut **wohnen**. (ここは住みやすい.)

(6) Mit dem *ist* schlecht (または nicht gut) Kirschen **essen**. (その人と一緒にはさくらんぼを食べにくい → あいつとはどうもうまくやっていけない.)

Du *hast* gut **reden**.「言うだけなら楽なもんだ」は「結構な立場ですね」の意味で, おおよそ「(主語の立場に立てば) 〜されうる」と訳すことができる. 例えば Du *hast* gut (または leicht) **lachen**. は「君の立場に立てば良く(簡単に)笑っていられるよ」となる.

ただし, 文脈によっては〈haben+gut+不定詞〉が「〜するのはむだである」,「〜してもしかたない」の意味になることがある.

(7) Du *hast* gut **reden**, man glaubt dir nicht. (いくら話したってむださ, 誰も君のことなんか信じやしない.)

(8) Sie *haben* gut **warten**. (いくらお待ちになってもむだなことです.)

(9) Ich *hatte* gut **suchen**. (随分探したが徒労に終わった.)

Hier *ist* gut **wohnen**. などの sein を定動詞とする場合は, 主語である不定詞(ここでは wohnen) とその規定詞(ここでは hier) が離れていると考えることができる. これは *Hier wohnen* ist gut. とするとよく分かる. また Mit dem *ist* schlecht Kirschen **essen**. も *Mit dem Kirschen essen* ist schlecht. あるいは Es ist schlecht, *mit dem Kirschen [zu] essen*. のように語順を変えると構造が明瞭になる.

1.2.9. 過去分詞の代わりをする不定詞

話法の助動詞 (→ 1.2.2.) が本動詞としてではなく, 本動詞と結ぶ助動詞

として用いられた場合，その過去分詞は ge- を伴わない単純不定詞の形が用いられる．この過去分詞を**代用不定詞 Ersatzinfinitiv** と呼ぶことがある．また，brauchen（zu不定詞を伴う場合 → 1.4.1.3. のD））においても，使役の助動詞やそれに準ずる使役の意味をもつ動詞（→ 1.2.3.），知覚・感覚動詞（→ 1.2.4.）においても，完了形において過去分詞の代わりに単純不定詞を代用不定詞に用いることがある．

(1) Er *hat* nicht kommen **können**. [gekonntではない]（彼は来ることができなかった．）

(2) Das *hättest* du nicht [zu] tun **brauchen**. [gebrauchtではない]（君はそんなことをする**必要**はなかったのに．）

過去分詞を単純不定詞で代用するか，ge- の付いた過去分詞形を使うかは，動詞によって偏りがある．heißen, lassen, sehen の過去分詞は，ほとんどの場合単純不定詞で代用され ge- の付いた過去分詞形を用いることはまれである．また fühlen, helfen, hören の過去分詞には単純不定詞と ge- の付いた過去分詞形のどちらも用いられる．一方 lehren, lernen, machen の過去分詞に単純不定詞が代用されることはほとんどない．

ただし，文末が完了の助動詞 haben で終わる構文では，上に挙げた動詞 heißen, lassen, sehen, fühlen, helfen, hören, lehren, lernen, machen や話法の助動詞には必ず ge- の付いた過去分詞形が用いられる．

(3) Ich erinnere mich, ihn früher das Bild **sehen** *gelassen* zu haben.（私は彼に以前その絵を**見せ**たことを覚えている．）

(4) Er wird nicht **kommen** *gekonnt* haben.（彼は来ることができなかったのだろう．）[（未来完了形による）話し手の完了したことに対する推量 → 1.2.1.]

(5) [...] ein angeblich gereizter Lothar Mark soll angeblich die Museen unter einem Generaldirektor **zusammenlegen** *gewollt* haben.（Mannheimer Morgen 26. 03. 1998, IDS）（立腹したとされているロタール・マルクとかいう人物が各美術館を一人の総合支配人のもとに**合併**したいと望んだらしいと言われている．）

また〈本動詞＋話法の助動詞＋haben〉が未来の助動詞と結ばれる場合や，

〈本動詞＋話法の助動詞＋haben〉が副文中で用いられる場合，話法の助動詞の過去分詞に代用不定詞が当てられると，habenは動詞グループの先頭に置かれる．

　(4') Er wird nicht *haben* **kommen** *können*. (彼は来ることができなかったのだろう．)

　(6) Heidi erzählte nun der Großmutter, welche große Angst es *habe* **ausstehen** *müssen*, sie sei vielleicht gestorben unterdessen und habe gar nie die weißen Brötchen bekommen, [...]. (Spyri)(ハイディは，そのうちにおばあさんがもしかしたら死んでしまってもう白パンを食べることができないのではないかという心配に，自分がどれだけ耐えなければならなかったかを，おばあさんに話して聞かせました［…］．)

　(7) Er dachte an seine Arbeit, dachte an die Stelle, an der er sie auch heute wieder, wie gestern schon, *hatte* **verlassen** *müssen*. (Mann)(彼は作品のことを，昨日と同じく今日もまた手をつけないままにしなければならなかった，作品のあの箇所のことを考えた．)

〈本動詞＋話法の助動詞＋haben〉の本動詞が受動態である場合は，〈本動詞の過去分詞＋werden（受動の助動詞）＋話法の助動詞＋haben〉となり，それが副文中に含まれると最後のhabenが動詞グループの先頭に置かれる．

　(8) Er hatte [...] das Reisen nicht anders denn als eine hygienische Maßregel betrachtet, die gegen Sinn und Neigung dann und wann *hatte* getroffen **werden** *müssen*. (Mann)(彼は［…］旅行というものを，意向や好みに逆らってでも時々は講じられなければならない衛生上の処置に他ならないと考えていた．)

1.2.10. 強調構文における単純不定詞（不定詞を文頭に，tunを定動詞として強意に）

　動詞の表す行為・状態を強調する場合，その行為・状態を表す動詞を不定詞の形で文頭に置き，tunを定動詞として用いる．このtunは英語の否定文，疑問文に用いられるdoに相当するもので，一種の助動詞と考えるべきものである．特に南ドイツの方言，小児語，口語に多くみられる．

　(1) **Weinen** *tue* ich nicht. (私は泣いたりなんかしない．)

(2) **Schreiben** *tue* ich ihm selten.（私はめったに彼に**手紙**など書かない．）

ドイツ語のこの用法は1200年ごろから起こったとされる（例：[...] daz si uns *tuon* bewarn.「彼らがわれわれを護り給わんことを」Walter von der Vogelweide 1170-1230）．英語では古英語 Old English（＝1150年頃以前の英語）に萌芽がみられるが，主として1500～1700年ごろに盛んになった（例：I am sure you *do* know her.「あなたは彼女をご存知のはずだ」1683年の例文）．英語では，現在では韻文や典礼文のごく一部に残存している他は，強意文・否定文（例：I *don't* know.），疑問文（例：*Do* you know him?）にのみ残っている．

1.2.11. 命令表現

　不定詞の省略的用法のひとつで，多くは不特定多数に対する注意，簡潔な命令を表す．命令法と異なる点は，命令法が2人称のduとihrに対してのみ可能であるのに対して，不定詞にはそのような限定がない点である．単純不定詞が用いられるのは，それが純粋に動詞概念のみを表しているので，聞き手に強い印象を与えるからである．定動詞の形式が「だれが，いつ，どうした」という個々の事件，事象の具体的な叙述であることと比較すると，単純不定詞による命令表現がより簡潔な表現であることがよくわかる．単純不定詞による命令表現はすなわち，命令する相手が不特定多数であるか，「だれが，いつ」ということが余りにも明瞭であるか，あるいはそれを言いいとまがない場合に，動詞の概念だけを述べる表現形式なのである．

　（1）**Aussteigen**, bitte!（下車願います！）
　（2）„Nicht **hinauslehnen!**"（（列車内などの表示で：）窓から**身を乗り出さないこと！**）［再帰代名詞は省略される］
　（3）Nicht **rauchen**!（禁煙！）
　（4）**Abwarten** und Tee **trinken**!（お茶でも飲んで**待つ**ことだ！）
　（5）**Vorsehen**!（注意せよ！）［再帰代名詞は省略される］
　（6）**Wegtreten**!（解散！）

　なお過去分詞形を用いて命令を表すことがあるが，その場合，過去分詞形が完了のアスペクトをもっているため，「これからなされることはすでにな

されていてしかるべきである」という含意があり，より切迫した強い命令となる．したがって不特定多数に対する一般的な命令と言うよりは，特定の個人や団体に対する命令，軍隊や学校における号令のような場合に使用される (→ 2.3.5.).

(6) **Wegtreten**!（解散！）

(6') *Weggetreten*!（[ただちに] 解散せよ！＝すでに解散されていてしかるべきである．）

1.2.12. 強い願望・疑念などの表明

特に強い願望，[不快な] 疑念，嘆きなどを表す．

(1) Noch einmal **anfangen**, **aufwachsen** gleich dir, [...] geliebt **werden** von den Harmlosen und Glücklichen, dich zum Weibe **nehmen**, Ingeborg Holm, und einen Sohn **haben** wie du, Hans Hansen [...] **lieben** und **leben** in seliger Gewöhnlichkeit!（Mann）（もう一度始めからやり直して君のように成長し，[…] 無邪気で幸福な人たちから愛され，インゲボルク・ホルムよ，君を妻にめとり，ハンス・ハンゼンよ，君のような息子をもうけ，[…] 幸福な凡庸のなかで愛し，生きることができるなら．）

(2) Ich dich nicht **lieben**?（ぼくが君を愛していないだって？）

(3) Was **machen**? — Was **tun**?（Mann）（どうしたらいいのか？ — いったいどうしたものか？）

(4) Ein Soldat und Gespenster **fürchten**?（兵士なのに幽霊を怖がるとは [嘆かわしい].）

1.2.13. wissen と結ぶ間接疑問の省略

wissen に続く間接疑問文において，主語と特に話法の助動詞 sollen を省略することがある．

(1) Ich *wusste* nicht, was [ich] aus der Sache **machen** [sollte].（私はこの件をどうしたものかわからなかった．）

(2) So werden Sie ja *wissen*, wie [Sie] ihm **antworten** [sollten].（あなたは彼にどう返事をしたものかこれでおわかりになるでしょう．）

不定詞・分詞

1.2.14. 名詞的に主語として

　特に定動詞 sein, heißen の主語として小文字で書き,「～することは」という名詞的な主語となる. 主として格言やことわざのような言い回しに用いられるが, そうでない場合, 現在では zu 不定詞で表現されることの方が多い (→ 1.4.1.1.).

　(1) **Geben** *ist* seliger denn nehmen. (Bibel)(与えるは受くるより幸いなり.)

　(2) **Irren** *ist* menschlich, **vergeben** [*ist*] göttlich. (過つは人の常, 赦すは神の業.)

　(3) **Lieben** *heißt* kämpfen. (愛するとは闘うことである.)

　(4) „**Leben** *heißt* handeln", ließ er als Motto auf seine Manschettenknöpfe gravieren. (Süddeutsche Zeitung 24. 08. 1999, IDS)(彼は「生きるとは行動することである」という言葉をモットーとして, 両手のカフスボタンに彫り込ませた.)

またその動詞的性格によって目的語や副詞句などをとることができる．

　(5) Treue **üben** *ist* Tugend, Treue **erfahren** *ist* Glück. (M. v. Ebner-Eschenbach)(信義を守ることは美徳である. 信義をまっとうしてもらえることは幸福である.)

　(6) Sich mit wenigem **begnügen** *ist* schwer, sich mit vielem **begnügen** unmöglich. (M. v. Ebner-Eschenbach)(持たざることに甘んじるのは難しい. 多くを持ってなお満足することは不可能だ.)

　(7) Wir **sagen** und ich **meinen** *ist* eine von den ausgesuchtesten Kränkungen. (Th. W. Adorno)(「私たちは」と言っておいて「私は」を意味するのは(=「私は」という意味で「私たち」という言葉を使うのは)極めつきの侮蔑の一つである.)[この wir, ich は 4 格として用いられている]

　(8) Alles **verstehen** *hieße* alles verzeihen? (Mann)(すべてを理解するということはすなわちすべてを許すということなのでしょうか.)

　(9) Sich allein **leben** *heißt* gar nicht leben. (自分一人のためだけに生きることは真に生きることとはいえない.)[sich は 3 格]

　(10) Alt **werden** *heißt* sich selbst ertragen lernen. (Kudzus)(年を取るというのは自分自身に耐えるのを学ぶことである.)

また話法の助動詞の不定詞もこれに準じる用法で名詞的に主語にすることができる.

1. 不 定 詞

(11) Allein sein **müssen** *ist* das Schwerste, allein sein **können** das Schönste. (Krailsheimer)（孤独でい**なければならない**のは最も辛いことである．孤独でいる**ことができる**のは最もすばらしいことである．）

(12) Bereit **sein** *ist* viel, warten **können** *ist* mehr, doch erst den rechten Augenblick **nützen** *ist* alles. (A. Schnitzler)（準備万端整え**ている**のはたいしたことだ，待つ**ことができる**のはさらにたいしたことだ，しかし好機を捉える**こと**がすべてだ．）

形式主語 es を先行させることもある．

(13) *Es* ist besser, Unrecht **leiden**, als Unrecht **tun**.（不正を行うよりは不正に**耐える**方がましだ．）

sein, heißen 以外の動詞を定動詞とする場合もある．

(14) Unnötige Dinge **kaufen** *macht* arm.（不必要な物を買うとお金がなくなる．）

(15) Mit Anstrengungen **arbeiten** *stärkt* den Körper.（精を出して**働け**ば体も強くなる．）

(16) **Reden** *hat* seine Zeit, und **schweigen** *hat* seine Zeit.（語るにも黙るにも時というものがある．）

不定詞 sein あるいは haben は省略されることがある．

(17) Ehrlich [**sein**] währt am längsten.（正直は最上の策＝正直［であること］がいちばん長持ちする．）

(18) Aufgeschoben ist nicht aufgehoben.＝ [Etwas] aufgeschoben [**haben**] ist nicht [gleich] [etwas] aufgehoben [**haben**].（延期は中止にあらず．）

(19) Frisch gewagt ist halb gewonnen. ＝ [Etwas] frisch gewagt [**haben**] ist [gleich] [etwas] halb gewonnen [**haben**].（思い切って始めれば半ばできたも同然．）

多くの出来事が急速に連続して起きるときなどは，いわゆる史的不定詞 historischer Infinitiv が用いられる．

(20) Aber ihn **sehen**, einen Laut des Schreckens **ausstoßen**, sich blitzschnell **umkehren** und **entziehen** — war bei dem Küster eins.（しかし彼を見かけるや，驚きの叫びをあげ，電光石火身を翻し，逃げ去る — その寺男は瞬時にそれをやってのけた．）

1.2.15. 名詞的に述語内容詞として

sein, nennen, heißen などの定動詞の後に述語内容詞として用いられる．前項の (3) Lieben *heißt* **kämpfen**. (愛するとは闘うことである．) のゴシック体の不定詞は，この項目にも入れることができる．

(1) Das *ist* (*heißt*) **leben**. (それが生きるというものさ．)

(2) Radikal sein *ist* die Sache an der Wurzel **fassen**. (Marx) (ラディカルであるということは物事の根っこをつかむということである．)

(3) Das *nenne* ich **trinken**. (飲みも飲んだり＝それを私は「飲む」と名づける．)

(4) Das *heißt* nicht Gott **vertrauen**, das *heißt* Gott **versuchen**. (それは神を信じることではなくて神を試すというものだ．)

(5) Einen Menschen kennen, *heißt* ihn **lieben** oder ihn **bedauern**. (M. v. Ebner-Eschenbach) (一人の人間を知るということは，その人を愛するか，あるいはその人を哀れむことである．)

また，述語として用いられた名詞的な不定詞の関連要素として副文が続く場合がある．

(6) Zeit haben *heißt* **wissen**, *wofür man Zeit haben will und wofür nicht*. (Oesch) (時間があるということは，何のために時間をもちたいか，何のためには時間を失いたくないかを知ることである．)

1.2.16. 先頭の文字を大文字にして中性名詞として

今日のドイツ語は動名詞 Gerundium，つまり独自の名詞的な動詞形をもっていないので (→ 1.1.2.)，代わりに不定詞を名詞化して用いる．この名詞化された不定詞は中性名詞であり，2 格の語尾 -s 以外は格語尾を取らない．不定詞が名詞化された最も純粋な形態は，いわゆる動作名詞 nomen actionis であって，これは動詞の表す行為・状態を抽象概念として表す．

例：das Verlangen (欲望)

das Treiben (活動)

(1) **das Schweigen** im Walde (森の静寂)

(2) **das Lächeln** der Mona Lisa (モナ・リザの微笑み)

(3) Auch zum **Zögern** muss man sich entschließen. (S. J. Lec) (躊躇するにも決断は必要だ．)

(4) Mit dem Auto ist ja die Kunst **des Ankommens** verlorengegangen.（Kästner）（自動車の登場とともに**到着**の技芸は失われてしまったのだ．）
話法の助動詞が中性名詞化されることもある．
(5) Für **das Können** gibt es nur einen Beweis: **das Tun**.（M. v. Ebner-Eschenbach）（能力を証明するものは一つしかない：**行為**である．）

1.2.16.1. 中性名詞化された不定詞に関する注意事項
A) 再帰動詞に由来するものはsichを明示しないのが普通である．
例：Bemühen（尽力 ← sich bemühen）
　　Betragen（挙動 ← sich betragen）
　　Befinden（健康状態，評価 ← sich befinden）
　　Entsetzen（驚愕 ← sich entsetzen）
　　(1) Mein **Befinden** ist gut.（私は**体調**がよい．← sich befinden）
ただし，Bemühen, Betragen, Entsetzenのようにすでにsichを書かない形が定着したものではなく，新たに再帰動詞を中性名詞として造語する場合や，F) で見るように共成して一語となった場合にはsichが含まれることもある．
例：das *Sich*entwickeln（発展）
　　das *Sich*gehenlassen（自制しないこと，わがまま勝手）
　　das *sich* Darüberhinweglassen（無頓着なこと）
　　(2) Begreifen ― geistiges Berühren. Erfassen ― geistiges **Sichaneignen**.（M. v. Ebner-Eschenbach）（理解 ― 精神的接触．把握 ― 精神的**獲得**．）

B) 受動の不定詞に由来し，受動的意味をもつようになったものもある．
例：Ansehen（名声 ← angesehen werden）
　　Entzücken（恍惚 ← entzückt werden）

C) 不定詞に関連する語と一体化して複合語になったものもある．
例：Wohlwollen（好意）
　　Gutachten（鑑定）
　　Guthaben（貸し）
　　Erdbeben（地震）

D）中には動詞的性質を完全に失い，具象名詞的ないし完全な具象名詞 nomen substantiae になるものもあり，したがって複数形が用いられることもある．この場合は普通の名詞と何ら変わりない．
具象名詞的：
例：das Leiden（悩み）→ die Leiden（悩み：複数形）
  (3) Die **Leiden** des jungen Werther[s]（『若きヴェルターの**悩み**』）
完全な具象名詞：
例：das Essen（食事；料理）→ die Essen（料理：複数形）[「食事」の意味では複数形はない．]
  das Andenken（記念の品）→ die Andenken（記念の品々）
  das Schreiben（書くこと；書簡）→ die Schreiben（書簡：複数形）
 動詞の表す意味を名詞化した動作名詞は複数形をもたないが，完全に普通名詞化した不定詞は，上述のように複数形を作ることができる．その理由は，例えば schreiben, essen, vorhaben などの他動詞の場合，das Schreiben（書状）は本来 das Geschriebene を，das Essen（料理）は本来 das Gegessene を，das Vorhaben（計画）は本来 das Vorgehabte を，また einkommen などの自動詞の場合 das Einkommen（収入）は本来 das Einkommende ないし das Eingekommene を表しているのであり，不定詞の動詞が表す動作そのものではなく，動作の客体ないし主体が意味されているからである．

E）名詞化された不定詞は格変化する．また形容詞，2格の名詞，前置詞格の目的語を伴うことがある．
 (4) Des **Wartens** müde ging er nochmals ins Schlafzimmer.（**待ち**くたびれて彼はまた寝室に戻った．）
 (5) *Eigensinniges* **Ausharren** erschien vernunftwidrig, die Aussicht auf ein **Umschlagen** *des Windes* ganz ungewiß.（Mann）（頑固にここ（＝ヴェニス）にとどまるのは愚かであるように思われた．風向きの変わる見込みはまったく不確かなようだ．）
 (6) **Warten** *auf* Godot（『ゴドーを**待ち**ながら』）[サミュエル・ベケットの戯曲のタイトル]
 (7) das *längere* **Anhören** *solchen Unsinns*（そのような戯言をこれ以上**聞**き続けること）

1. 不　定　詞

また，まれには名詞化された不定詞に３格目的語が付加されることもある．
　(8) Noch ein freundliches **Nicken** *den Kindern*, und die Frau war verschwunden.（もう一度子供たちににこやかにうなずいたかと思うと，その婦人は姿を消した．）

F）名詞化された不定詞はまた，目的語，状況語，述語内容詞などと一体化して一語となることがある．伴う成分が長くなって分かりにくい場合にはハイフンを用いて結合されることもある．
例：das Ährenlesen（落穂拾い ← Ähren **lesen**）
　　das Zustandebringen（成就，完成 ← 囲⁴ zustande（または zu Stande）**bringen**）
　　das In-die-Schule-**gehen**（通学）
しかし次のような長い句はほとんど「判じ物」に近い．
例：das Aufsichselbstangewiesensein
　　das Auf-sich-selbst-angewiesen-sein
　　das Auf sich selbst angewiesen Sein（自分しか頼るものがないこと）
　(9) Ans **Altsein** gewöhnt man sich rasch, viel langsamer ans **Nichtmehrjungsein**. (Krailsheimer)（老いていることに人はすぐに慣れるが，もはや若くないことに慣れるにはそれよりもずっと時間がかかる．）
　(10) Frau Salomon aus Amsterdam zum Beispiel, trotz dem Vergnügen, das die Untersuchungen und das damit verbundene **Zurschaustellen** feinster Spitzenwäsche ihr bereiteten, [...] （Mann）（例えばアムステルダムから来たザーロモーン夫人は，診察の楽しみとそれに結びついた高級なレースの下着を**披露する**という楽しみがあったにもかかわらず［…］）
　(11) [...], ohne meine durch mehrmaliges **Auf-ein-Bild-Zutreten** und **Wieder-Abstandnehmen** deutlich bewiesene Kunstkennerschaft im geringsten bemerken zu wollen. (Th. Rosenlöcher)（一つの**絵に**何度も近づいては**また離れる**という仕草ではっきりと証明されている私の芸術的眼識は一顧だにせず［…］．）
　(12) Vorbei an der Eingangstür und dem Mann im Maßanzug, der, braungebrannt, mit weißen Zähnen und **„Kann-ich-Ihnen-helfen"-Lä-**

cheln, selbst hier am Harzrand mühelos die Hauptstädte der Welt darstellte. (Th. Rosenlöcher) (入り口のドアと, オーダーメードのスーツを着こみ, こんがりと日に焼けて, 白い歯を見せながら「いらっしゃいませ」スマイルを浮かべ, ここハルツ山地の片隅でも難なく世界のメトロポールを演出している男の横を通りすぎた.)

G) 名詞化された不定詞には, 通常冠詞を付けるが, 格を明示する必要のないとき, 特に付加語形容詞があるときには, 冠詞を省略することがある. また所有冠詞などが付加されることもある.

(13) Nach der Geburt seien Sicherheit, Nestwärme und **Geliebtwerden** wesentlich. (St. Galler Tagblatt 18. 02. 1998, IDS) (生後は安心感, 巣の温もり, **愛されること**が不可欠だという.)

(14) Stil ist *richtiges* **Weglassen** des Unwesentlichen. (A. Feuerbach) ([独自の] スタイルというのは本質的でないものの正しい**捨象**のことである.) [Anselm Feuerbachは19世紀のドイツの画家]

(15) *Mein* **Bitten** war vergeblich. (私の**願い**はむだだった.)

また, 名詞化された不定詞が連続するような場合は, 二つ目以下の名詞化不定詞に冠詞を省略することがある.

(16) In stiller Nacht wird der wächserne Gast beiseite geschafft, und ungestört nimmt das **Treiben** in 〉Einfried〈 seinen Fortgang, das **Massieren**, **Elektrisieren** und **Injizieren**, das **Duschen**, **Baden**, **Turnen**, **Schwitzen** und **Inhalieren** in den verschiedenen mit allen Errungenschaften der Neuzeit ausgestatteten Räumlichkeiten [...]. (Mann) (静かな夜のうちに, 死亡して蝋のように青白くなった患者は運び去られ,「アインフリート」療養所の**活動**はなんら支障なく続けられる. **マッサージ**, **電気治療と注射**, **シャワー**, **入浴**, **体操**, **発汗**と**吸入**が近代的機器が備え付けられたありとあらゆる部屋で行われるのである [...].)

H) 名詞化された不定詞は, 前置詞an, bei, in, über, unterなどを伴って, ドイツ語では発達しなかった進行形アスペクトprogressiver Aspektを表す.

(17) Sie ist *bei*m/*a*m **Arbeiten**. (彼女は**仕事中**です.)

(18) Die Warenpreis ist *im* **Sinken**. (物価は**下がりつつある**.)

(19) Der Mensch ist *im* **Sterben**, solange er lebt.（人間は生きている限り死へと向かっている．）
(20) Er wurde *über*m **Essen** schläfrig.（彼は食事中に眠くなった．）
(21) *Unter* **Heulen und Klagen** flüchteten sich die Weiber in den benachbarten Wald.（泣き喚きながら女たちは近くの森へと避難した．）

　anとinの差異は，anが進行の様相を瞬間的にとらえるのに対して，inはそれを一定の時間的幅をもってとらえる点にある．例えば「シャボン玉ははじけそうだ」という文の場合，動詞platzenが瞬間相の動詞であるためanは可能でも，inは不可能である．また例文（17）のような場合，beim Arbeiten よりも am Arbeiten の方がより方言的である．
(22) Die Seifenblase ist *a*m **Platzen**.（シャボン玉ははじけそうだ．）
(23) * Die Seifenblase ist *i*m **Platzen**.

1.2.16.2. 動詞の名詞化のその他の形式

　動詞の名詞化には，[単純]不定詞の先頭の文字を大文字にしてそのまま中性名詞化する以外にも，様々な方法がある．
A)　-ung による女性名詞化（ほとんどの場合抽象名詞になる）
die Meldung（報道）（← melden），die Meinung（意見）（← meinen），die Leistung（業績）（← leisten），die Erfahrung（経験）（← erfahren）など
B)　動詞語幹名詞（不定詞の語幹そのものから作る．ほとんどの場合男性名詞になる．幹母音が変化することもある．動詞の語幹のみを男性名詞として使用した用法の名残）
der Sitz（座席）（← sitzen），der Fall（落下）（← fallen），der Unterricht（授業）（← unterrichten）；der Fluss（川）（← fließen），der Sang（歌唱）（← singen），など
C)　歯音を加えた名詞化Dentalbildung（不定詞の語幹に歯音の –[s]t（まれに -d語尾）を加えて作る．ほとんどの場合女性名詞になる）
die Kunst（芸術）（← können），die Schrift（文字）（← schreiben），die Saat（播種）（← säen），*der* Dienst（勤務）（← dienen），die Jagd（狩猟）（← jagen）など
D)　-e による女性名詞化（不定詞の語幹に -e語尾を加えて作る）
die Liebe（愛）（← lieben），die Gabe（贈り物；才能）（← geben），die Reise

不定詞・分詞

（旅行）（← reisen），die Suche（捜索）（← suchen）など

E） -erei, -eleiによる女性名詞化（不定詞の語幹に -erei, -elei語尾を加えて作る．～業，～場を表すことが多い．また単語によっては軽い侮蔑の意味を伴うことがある）die Bäckerei（パン屋・パン製造業）（← backen），die Schneiderei（洋裁［店］）（← schneiden），die Fischerei（漁業）（← fischen）; die Schwindelei（詐欺）（← schwindeln），die Schmuggelei（密輸）（← schmuggeln）など

F） Ge- による名詞化（不定詞の語幹に前綴り Ge- を加えて作る．音響を表す語にこの型によるのが多い）

das Gespräch（会話）（← sprechen），das Gefecht（戦闘）（← fechten），der Geschmack（味；趣味）（← schmecken），das Gepfeife（しきりに口笛を鳴らすこと；ピーピーいう音）（← pfeifen），das Geklingel（ベルなどが鳴ること／音）（← klingeln）など

G） -nisによる名詞化（不定詞の語幹に -nis語尾を加えて作る）

die Erlaubnis（許可）（← erlauben），die Versäumnis（怠慢）（← versäumen），das Verhältnis（関係）（← verhalten），das Bedürfnis（欲求）（← bedürfen）など

H） -tion (-sion, -xion, -ssion など) /-ierungによる名詞化（外来語動詞の名詞化）die Organisation/die Organisierung（組織）（← organisieren），die Sozialisation/die Sozialisierung（社会化）（← sozialisieren），die Explosion/die Explodierung（爆発）（← explodieren）など

なお本項について詳細な知識を得たい読者は，『関口存男著作集　ドイツ語学篇3』（三修社1994年）513頁以下を参照してほしい．

1.2.17. 名詞・代名詞の言い換えとして

先行する名詞・代名詞の言い換えとして不定詞[句]を用いることがある．

(1) Ich kenne noch viel *Ärgeres* als den Tod: elend **sein**. (私は死ぬことよりもずっと腹立たしいことを知っている．惨めで**あるということだ**.)

(2) [...] ich [...] wartete darauf, daß mein Freund Leo mir das verabredete *Zeichen* geben würde: ans Fenster **kommen**, die Mütze **abnehmen**, wieder **aufsetzen**; [...]. (Böll) ([…] 私は […] 友人のレオがうちあわせておいた合図を私に送るのを待っていた．すなわち窓辺に**寄り**，帽子を**持ち**

— 32 —

上げ，再びそれをかぶるのを［…］．）

1.3. zu不定詞

1.3.1. zu不定詞とは何か

　前述のzuの付加されない単純不定詞に対して，zuを伴う不定詞をzu不定詞という．このzuは前置詞zuと同形であるが，しばしば前置詞の場合と区別して，不定詞小辞Infinitiv-Partikelと呼ばれる．それは不定詞を導くことを唯一の機能としているからである（ただし「導く」というのは必ずしも不定詞に「先行する」ということではない．後に見るように，分離動詞の場合zu不定詞は，分離前綴りと基礎動詞の間にzuを入れ，統合して一語で綴る）．

　zu不定詞と呼ばれているものは，本来は前置詞zuとその後に用いられた動名詞Gerundiumであった（→ 1.1.2.）．動名詞の3格は前置詞（in, mit, vonなど）と共に用いられたが（例：von singenne「歌［うこと］によって」），特にzuと用いられることが多く，目的・目標の意味を表していた（例：ze singenne「歌［うこと］のために」）．中高ドイツ語期（1050年頃～1350年頃）に入ると動名詞の語尾が短縮されて消滅し，形態上，動名詞は不定詞と区別がつかなくなった．このような成立上の事情があるので，今日の目的・目標を表すzu不定詞の用法には，本来のzu＋動名詞の性質が最もよく表れていると言える（例：Ich komme, Abschied zu nehmen.「私はお別れを言うために来ました」→ 1.4.3.1)．目的・目標が，これからなされるべき動作である場合，「～がなされ得ること」（受身の可能）または「～がなされるべきこと」（受身の必然）の意味になる（例：Das Ziel ist leicht **zu erreichen**.「この目標は容易に達成されうる」／Das Ziel ist auf alle Kosten **zu erreichen**.「この目標は是が非でも達成されねばならない」→ 1.4.1.2.)．しかしこれらの目的・目標を表す用法や受身の可能・必然を表す用法は，現在のzu不定詞の用法から見れば，ごく一部であるに過ぎない．現代ではzu不定詞は主語や目的語，その他としても用いられており，単純不定詞の用法すら漸次侵食しつつある．今日このzu不定詞のzuは，その前置詞的性格をほとんど失い，単に後ろに続くものが動詞の不定詞であることを示す記号的な機能のみを保持しているのである．

1.3.2. zu不定詞の作り方

zuは不定詞の直前に置く．完了不定詞，および受動不定詞の場合には，助動詞haben, seinあるいはwerdenの直前に置く．ただし分離動詞の場合は分離前綴りと基礎動詞の間にzuを入れ，一語として綴る．

A) zu不定詞

　　zu sehen（見る[こと]）　　zu kommen（来る[こと]）

　　auf*zu*stehen（起床する[こと]）

B) 完了のzu不定詞（→ 1.1.4. ならびに1.6.）

　　gesehen zu haben（見た[こと]）　　gekommen zu sein（来た[こと]）

　　aufgestanden zu sein（起床した[こと]）

C) 受動のzu不定詞

　　gesehen zu werden（見られる[こと]）

　　aufgeführt zu werden（[劇などが] 上演される[こと]）

1.3.3. zu不定詞句の作り方

zu不定詞が目的語，副詞などを伴う場合，それらをzu不定詞の前に置き，不定詞を句の末尾に置く．英語のto不定詞が不定詞句の先頭に置かれるのと著しい対照をなすが，ドイツ語のzu不定詞句は日本語の語順と一致することが多い（→ 1.1.5.）．

　　Deutsch　zu　lernen
　　ドイツ語を　　学ぶ[こと]

　　in der Stadt　zu　wohnen
　　　　町に　　　住む[こと]

　　heute Abend　mit ihr　ins Kino　zu　gehen
　　　　今夜　　　彼女と　　映画へ　　行く[こと]
　　　　　参照　to　go　to the movies　with her　tonight
　　　　　　　　　　行く[こと]　映画へ　　彼女と　　今夜

助動詞が加わると，助動詞が最後に位置する．

　　Deutsch　lernen　zu　müssen
　　ドイツ語を　学ば　なくてはならない[こと]

　　in der Stadt　wohnen　zu　wollen
　　　　町に　　　住み　　　たい[こと]

1. 不定詞

1.3.4. 新正書法におけるコンマの有無に関する注意

　zu不定詞は目的語，副詞などを伴うことが多く，副文に相当するはたらきをする．実際にzu不定詞句を副文に相当すると記述している文法書もある (Duden 4 ; *Die Grammatik*. 1998. S. 756. ; 2009. S. 852.)．このため，新正書法が行われるまでは，zu不定詞に目的語や副詞規定等のない場合を除いては，zu不定詞句の前後にコンマを打って区切るのが普通であった（文が不定詞句で終われば，後ろのコンマは省かれる）．

　　(1) Es *fing an*, heftig **zu regnen**. (雨が激しく**降り始めた**.)
　　(2) Das Mädchen *fing an* **zu weinen**. (その少女は**泣き始めた**.)

　しかし1998年の8月に施行された新正書法改定によって，コンマの打ち方にはかなりの自由が認められ，その傾向は2006年3月の再改定にも引き継がれた．以下に2006年3月時点の新正書法公式規則集に基づき，コンマの打ち方についての要点を述べる．§の数字は公式規則集 (*Die amtliche Regelung der deutschen Rechtschreibung*. In: **Duden 1**: *Die deutsche Rechtschreibung*. Bibliographisches Institut, Mannheim 2006. S. 1161ff.) のものである．

　(§75) 不定詞[句]は，以下の条件のうち一つを満たすならばコンマで区切る．
　(1) 不定詞[句]がum, ohne, statt, anstatt, außer, alsのいずれかに導かれる場合
　　　Sie öffnete das Fenster, *um* frische Luft **hereinzulassen**. (彼女は新鮮な空気を入れるため窓を開けた.)
　　　Ihr fiel nichts Besseres ein, *als* **zu kündigen**. (彼女には**辞職を申し出る**ことよりましなことは思いつかなかった.)

　挿入的な補足の場合も不定詞句の前後にもコンマを打つ (§77 (6))．
　　　Er, *ohne* den Vertrag vorher gelesen **zu haben**, hatte ihn sofort unterschrieben. (彼は，契約書を前もって読みもせず，すぐにそれにサインをした.)
　　　Er, *statt* ihm zu Hilfe **zu kommen**, sah tatenlos zu. (彼は，その男を助けに**来る**ことなく，ただなすことなく傍観していた.)

(2) 不定詞[句]が名詞にかかる形容詞的用法の場合
Er fasste den *Plan*, heimlich **abzureisen**.（彼はだれにも告げずに旅立つ計画を立てた.）

(3) zu不定詞[句]が相関詞や指示語に依存している場合
Anita liebt *es*, lange **auszuschlafen**.（アニータはたっぷり眠るのが好きだ.）
Es missfällt mir, diesen Vertrag **zu unterzeichnen**.（私はこの契約にはサインしたくない.）
Lange **auszuschlafen**, *das* liebt Anita sehr.（たっぷり眠ること，それこそアニータが好きなことだ.）
Doch noch **zu gewinnen**, *damit* hat René nicht gerechnet.（まだ勝てる，そんなことをレネは予期していなかった.）

補足1　上記（2），（3）の項目に関しては，zu不定詞に目的語や副詞規定等がない場合で，誤解を生じない限り，コンマを省くことができる．

Den *Plan* [,] **abzureisen** [,] hatte sie schon lange gefasst.（彼女は旅立つ計画を，とうの昔に立てていた.）
Thomas dachte nicht *daran* [,] **zu gehen.**（トーマスは行くことは考えていなかった.）

補足2　上記（1），（2），（3）の項目以外でもzu不定詞[句]の部分を明示しようとしたり，コンマがないと誤解が生じるような場合，コンマを打つ．
Ich hoffe, jeden Tag in die Stadt gehen **zu können**.（私は，毎日街へ行けたら，と望んでいる.）
Ich hoffe jeden Tag, in die Stadt gehen **zu können**.（私は，街へ行けたら，と毎日望んでいる.）
Ich rate, ihm **zu helfen**.（私は，彼に手を貸すよう，忠告する.）

1. 不定詞

Ich rate ihm, **zu helfen**. (私は手を貸すよう,彼に忠告する.)

これ以外の場合,コンマを打つか打たないかは書き手の判断に任される.

1.4. zu不定詞の用法

1.4.1. 名詞的用法

1.4.1.1. 主語として

文頭にzu 不定詞[句]が置かれて,主語となる.現在ではzuのない単純不定詞に代わって盛んに用いられる形式である.またzu不定詞は目的語や副詞[句]を伴うことができる.

(1) Ihn **zu überzeugen** ist schwer. (彼を説得することは難しい.)

(2) Immer **zu tadeln** ist nicht die beste Art der Erziehung. (叱ってばかりいるのは最良の教育方法ではない.)

多くの場合,zu不定詞[句]に主語esを形式上先行させる.es以外にdas,まれにdiesを先行させることもある.diesを使うとesよりも感情的に強調される.esやdasが,後続するdass文やzu不定詞[句]の形式的な目的語として用いられる場合に関しては後述する(→ 1.4.1.3.のB)).

(3) *Es* ist schwer, ihn **zu überzeugen**. (彼を説得することは難しい.)

(4) So also war *es*, geküsst **zu werden**. (口づけされるというのはこういうものなのね.)

(5) *Das* ist schön, treue Freunde **zu haben**. (誠実な友をもつこと,それは素晴しい.)

(6) *Dies* ist schön, treue Freunde **zu haben**. (誠実な友をもつこと,それこそは素晴しい.)

(7) Was für ein Unsinn ist *das*(*es*), so etwas **zu tun**! (そんなことをするなんてなんてばかげているんだ!)

非人称動詞の主語esがzu不定詞[句]に先行することがある.この場合,esをdasに代えることはできない.

(8) *Es* gelang ihm, sein Auto selber **zu reparieren**. (彼は自分で自分の

車を修理することができた．)

(9) *Das gelang ihm, sein Auto selber **zu reparieren**.

まれに主語esが省かれることがある．

(10) Mich freut, Sie **zu sehen**. (あなたにお会いできて光栄です．)

また，先行するzu不定詞[句]をdas（まれにdies）で受けなおすことがある．この場合はesを使うことはできない．不定詞[句]が情緒的に強調されたため文頭に置かれているので，指示力の弱いesでは受けられないのである．

(11) Nichts **zu suchen**, *das* (*dies*) war mein Sinn. (何も探さない，それが私の思うところだった．)

(12) *Nichts **zu suchen**, *es* war mein Sinn.

(13) Aber so ins Ungewisse den Beruf **aufzugeben**, den man gelernt hat, [...] *das* ist unrecht. (Hesse) (しかし習い覚えた職業をそんなふうに何の目処もなく捨ててしまうこと［…］それは正しいとはいえない．)

単純不定詞が先行した場合もesでは受けないのは，上と同様である．

(14) Ein ernster Mensch **sein** und keinen Humor **haben**, *das* ist zweierlei. (A. Schnitzler) (真面目な人間であることとユーモアのない人間であること，これらは別物である．)

1.4.1.2.　述語として

動詞seinの述語内容詞となる．

(15) Das Glück *ist*, **zu lieben** und vielleicht kleine, trügerische Annäherungen an den geliebten Gegenstand **zu erhaschen**. (Mann) (幸福とは，愛することであり，おそらくは，ささやかに，なにかと口実を見つけて，愛するものへ近づく機会をとらえることなのだ．)

相関詞esを先行させることもある．

(16) Meine Aufgabe *ist* [*es*], am Wege **zu stehen** und **zu predigen**. (私の使命は路傍に立ち，説教することである．)

(17) Die schönste Liste der Teufel *ist es*, uns **zu überzeugen**, dass es ihn nicht gibt. (C. Baudelaire) (悪魔の最も巧妙な奸計は，悪魔が悪魔などは存在しないとわれわれに確信させることにある．) [ドイツ語訳はDuden 12; *Zitate und Aussprüche* による]

またscheinen（～のように見える），sich[4]（またはsich[3]）dünken（自分を～

1. 不 定 詞

だと思い込む）と結んでその述語内容詞となる．この場合は不定詞句をコンマで区切らない．

(18) Sie *scheint* krank **zu sein**.（彼女は病気であるように見える．）

(19) Du *scheinst* mich nicht verstanden **zu haben**.（君はぼくの言うことが理解でき**なかった**ようだね．）

(20) [...] jeder *dünkt sich* wunder original **zu sein** und ist unfähig, sich in etwas zu finden, was außer dem Schlendrian ist; [...]. (Goethe)（[…]誰もが自分をなにかすばらしい独創的な人間であるかのように思い込むが，それでいてだらけた仕事以外のことをしている自分を見い出すことはできないのだ［…］.）

他動詞のzu不定詞はsein, bleiben, stehenなどと結んで受動的意味の可能または必然（「～されうる」，「～されねばならない」）を表す．可能と必然のどちらであるかは，文脈によって決まる．またこの形式が付加語として用いられる場合は，未来受動分詞の形をとる（→ 2.4.）．

(21) Das Ziel *ist* **zu erreichen**.
（その目標は**達成**され得る．= Das Ziel kann erreicht werden.）
（その目標は**達成**されねばならない．= Das Ziel muss erreicht werden.）

(22) Das Ziel *ist* leicht **zu erreichen**.（その目標は容易に**達成**され得る．）[leicht「容易に」があることによって可能の意味になる]

(23) Das Ziel *ist* auf alle Kosten **zu erreichen**.（その目標は是が非でも**達成**されねばならない．）[auf alle Kosten「是が非でも」があることによって必然の意味になる]

(24) Was Herrn Klöterjahns Gattin anging, so *war* klar und deutlich **zu beobachten**, daß sie ihm von Herzen zugetan war. (Mann)（クレーターヤーン氏の令夫人に関して言えば，彼女が彼に心からの好意を寄せていることは明々白々に**見て取る**ことができた．）

(25) Das *bleibt* noch **zu überlegen**.（それにはまだ考慮の余地がある．= Das muss noch überlegt werden.）

(26) Das *steht* nicht **zu ändern**.（それは変えられ得ない．= Das kann nicht geändert werden.）

(27) Die junge Frau litt an der Luftröhre, wie ausdrücklich in dem an-

meldenden Schreiben **zu lesen** *stand*.（Mann）（その若い夫人は，届出用紙にはっきりと書かれている（**読み取られる**）ように，気管を患っていた.）

なおこの形式は自動詞のzu不定詞にも適用できる．この場合の主語は非人称のesであるが，定形倒置の場合にはesは省略される．なお，自動詞から未来受動分詞が作られることは，特殊な場合を除いてはない．修飾すべき付加語が存在しないからである（→ 2.4.3.）．

(28) Es *ist* ihm nicht mehr **zu helfen**. = Ihm *ist* nicht mehr **zu helfen**.（彼はもう**救いようがない**.）

(29) Es *ist* ihm noch **zu raten**. = Ihm *ist* noch **zu raten**.（彼にはまだ**忠告の仕様がある**.）

定形後置の場合もesは消失する．

(30) Wem nicht **zu raten** *ist*［定形後置］, dem *ist* nicht **zu helfen**［定形倒置］.（聞く耳をもたぬ人には，**救いの手も差し伸べられない**.）

Das Ziel ist *leicht* zu erreichen.（その目標は容易に達成され得る.）Der Roman ist *leicht* zu lesen.（その小説は容易に読まれ得る＝その小説は読みやすい.）などのleichtは, Das Ziel ist *leicht* ‖ zu erreichen. Der Roman ist *leicht* ‖ zu lesen. と分析すると，述語用法の形容詞であるとも解釈することができる．その場合zu erreichenやzu lesenは，述語用法の形容詞leichtを副詞的に規定していると考えられる．すなわち「この目標は達成するのに簡単だ」,「この小説は読むのに簡単だ」．このように「～するのに…」，あるいは古風な日本語「～するだに…」のように訳すとかえってよくわかることがある．

(31) Das *ist* alles recht *schön* **zu hören**.（**聞くだになるほどすべてまことに結構だ**.）

(32) Sie *war* gar *anmutig* **anzuschauen**.（彼女はまこと**見るだに美しい**.）

しかし今日の語感からすればzu erreichenやzu lesenはやはり述語的であり，leicht（「容易に」）はその副詞と考えるべきであろう．

またsein+ zu不定詞のseinが省略され，挿入句として独立して用いられることもある．

seltsam **zu sagen**（言うも不可思議なことながら）

gräßlich **zu sehen**（見るもおそろしいことながら）　など

(33) Nach „unserem" Einmarsch, *schrecklich* **zu denken**, wurde der Bub mit seinen Eltern in das Ghetto von Theresienstadt verschleppt. (Süddeutsche Zeitung 13. 01. 1996, IDS)（「われわれの」進駐のあとで，考えるだに恐ろしいことだが，あの少年は両親もろともテレージエンシュタットのゲットーに連れて行かれた．）

1.4.1.3. 目的語として

A) 動詞の目的語として

多くの他動詞，再帰動詞，自動詞と結び，その4格目的語，2格目的語，前置詞格の目的語になる．その際，格などの支配の関係を明確にするために代名詞es, das, dessen，代名詞的副詞（→ ドイツ語文法シリーズ第5巻『副詞』5.2.3.3.）daran, daraufなどを先行させることがある（→ 1.4.1.3.のB））．ただし，zu不定詞が3格目的語になることはない．

a) 4格目的語になる場合

(34) Ich *verspreche* dir, dich mit dem Auto **abzuholen**.（君を車で迎えにいくことを約束しよう．）

(35) Ich *rate* [es] Ihnen, Sport **zu treiben**.（あなたにはスポーツをなさることをお勧めします．）

b) 2格目的語になる場合

(36) Er konnte *sich* nicht *enthalten* **zu weinen**.（彼は泣かずにはおれなかった．）

(37) Ich *erinnere mich* [dessen], die Frau gesehen **zu haben**.（私はその女性に会ったことがあるのを覚えている．）

c) 前置詞格目的語になる場合

(38) Er *rät* mir d*avon* *ab*, alleine dorthin **zu gehen**.（彼は私に一人ではそこへ行かないよう忠告する．）

(39) Der Mensch *strebt* d*anach*, glücklich **zu werden**.（人間は幸福になるように努力するものだ．）

(40) Ich *erinnere* mich [dar**an**], die Frau gesehen **zu haben**.（私はその女性に会ったことが**ある**のを覚えている．）

(41) Er *bat* mich [dar**um**], ihm **zu helfen**.（彼は私に手伝ってくれるよう頼んだ．）

B) 相関詞

dass文やzu不定詞[句]が目的語として用いられ，後置される場合，それを予告するために主文に挿入される代名詞，代名詞的副詞を相関詞という．主語として相関詞が現われる場合はすでに述べた（→ 1.4.1.1.）．

目的語を予告する相関詞が省略されるかされないかは，それぞれの動詞によって決まっていると考えてよい．すなわち，a) ほとんどの場合相関詞を入れる，b) 相関詞を入れる場合と省略する場合がある，c) ふつう相関詞を入れない，d) 相関詞が入ることはない，の四つの場合が考えられるのである．また用いられる代名詞的副詞は，動詞が支配する前置詞に依拠した形となる．

a) ほとんどの場合相関詞を入れる動詞

　　es auf|geben（～を放棄する）
　　es auf|halten（～を阻止する）
　　es ertragen（～に耐える）
　　es 人³ überlassen（人³に～を任せる）
　　es übernehmen（～を引き受ける）
　　es verantworten（～の責任を負う）
　　dazu bei|tragen（～に貢献する）
　　sich⁴ darauf beschränken（～に限る，～で我慢する）
　　daran denken（～のことを思う）
　　darauf bestehen（～に固執する）
　　人⁴ dazu bringen（人⁴を～するように導く）
　　dazu dienen（～に役立つ）
　　sich⁴ daran machen（～に着手する）
　　dazu neigen（～への傾向がある）
　　darauf verzichten（～をあきらめる）　　など．

(42) Seit mein Vater tot ist, haben Herr Stephan Kistenmaker und

1. 不定詞

Pastor Pringsheim *es übernommen*, mich tagtäglich **zu fragen**, was ich werden will. Ich weiß es nicht. (Mann)（パパが死んでからというもの，シュテファン・キステンマーカーさんと牧師のプリングスハイムさんが毎日ぼくに何になるつもりかを**尋ねる**役を引き受けたんだ．ぼくにはそんなことわからないよ．）

(43) Christian hatte aber gar keine Meinung; er *beschränkte sich darauf*, die Herren mit krauser Nase **zu beobachten**, um hernach im Klub oder in der Familie ihre Kopie zu liefern .... (Mann)（クリスティアンはしかしまったく意見などもっていなかった．彼はただ，あとでクラブか家族の前で真似をするために，鼻の付け根にしわを寄せてこの紳士たちを**観察**していただけであった［…］．）

(44) Das Kind — soviel weiß ich schon — *neigt dazu*, alle Dinge mit zu eindringlichen Augen **anzusehen** und sich alles zu sehr zu Herzen **zu nehmen**. (Mann)（あの子はね — そのくらいのことはもう私にもわかっているけれど — 万事をじっと**見つめ**すぎて心をとても**痛める**傾向があるのよ．）

b) 相関詞を入れる場合と省略する場合がある動詞

[es] ab|lehnen（～を拒否する）
[es] sich³ an|gewöhnen（～の習慣がつく）
[es] bedauern（～を気の毒（残念）に思う）
[es] 人³ erlauben（人³に～を許可する）
[es] lieben（～を好む）
[es] 人³ verbieten（人³に～を禁止する）
[es] vergessen（～を忘れる）
[es] vermeiden（～を避ける）
[es] vermögen（～することができる）
[es] versprechen（～を約束する）
[es] vor|ziehen（～のほうをより好む）
人⁴ [davon] ab|halten（人⁴に～を思いとどまらせる）
人⁴ [dazu] an|halten（人⁴に～するよう促す）
[damit] an|fangen（～を始める）
[damit] auf|hören（～をやめる）

不定詞・分詞

人⁴ [dazu] bereden（人⁴に～するよう説得する）
sich⁴ [dessen/daran] erinnern（～を思い出す）
人⁴ [daran] hindern（人⁴が～をするのを妨げる）
人⁴ [dazu] überreden（人⁴を説得して～させる）　　など.

(45) In letzter Zeit rauchte sie viel, und sie hatte *sich angewöhnt*, Wein **zu trinken** …．(Mannheimer Morgen 04. 09. 1994, IDS)（最近彼女はたばこをたくさん吸うようになったし，ワインも**飲む**ようになっていた….）

(45') Seit er Rentner ist, hat er *es sich angewöhnt*, mittags vor dem Mittagsschläfchen und abends vor dem Einschlafen noch eine Zigarette im Bett **zu rauchen**.（Mannheimer Morgen 21. 12. 1985, IDS）（リタイアしてから彼は昼間ちょっとした昼寝の前と夜眠る前にベッドで**たばこを吸う**ようになった.）

(46) Er *überredet sie*, seine Frau **zu ermorden**.（Mannheimer Morgen 02. 10. 1998, IDS）（彼は自分の妻を**殺す**よう彼女を説き伏せる.）

(46') Nachdem ich *sie **dazu** überredet* hatte, ein Schlafmittel **zu nehmen**, war sie leicht benommen, und so ließ sie sich zum erstenmal ein paar Details dieser Ereignisse entlocken.（Mannheimer Morgen 30. 10. 2000, IDS）（私が彼女を説得して睡眠薬を**飲**ませてから，彼女は少し朦朧としたようで，初めてこの事件の詳細の一部をもらし始めた.）

c) ふつうは相関詞を入れない動詞

　[es] beabsichtigen（～を意図する）
　[es] 人³ befehlen（人³に～を命令する）
　[es] behaupten（～を主張する）
　[es] beschließen（～に決定する）
　[es] 人³ empfehlen（人³に～を薦める）
　[es] 人³ vor|werfen（人³の～を非難する）
　[es] wünschen（～を望む）
　人⁴ [dazu] ein|laden（人⁴を～に誘う，人⁴を～に招待する）
　人⁴ [daran] mahnen（人⁴に～を忘れないよう注意する）　　など.

(47) Ferner *beabsichtigt* die Lufthansa, Köln/Bonn in ihr Langstreckennetz **einzubeziehen**.（Mannheimer Morgen 24. 06. 1989, IDS）（さらに

— 44 —

1. 不 定 詞

ルフトハンザはケルン・ボン空港を自社の長距離航路のネットワークに**組み入れる**ことを計画している.)

(48) „Ich kann Ihnen nur noch einmal *empfehlen*, meinen Ruf in der Geschäftswelt meine eigene Sache **zu lassen**", sagte der Konsul. (Mann)(「重ねて今一度ご忠告いたしますが,実業界での私の評判は私自身のことであって,あなたには関係ないこととご放念ください」と領事は言った.)

d) 相関詞が入ることはない動詞

人[4] beschwören（人[4]に〜するよう懇願する）
sich[4] weigern（〜を拒む）　　など.

(49) [...] und am nächsten Sonntage *weigerte sie sich* aufs bestimmteste, die Kirche **zu besuchen**. (Mann)（[…] そして次の日曜日,彼女は教会へ行くことをきっぱりと断った.)

また前置詞によって支配される目的語文が前置される場合,後続する主文の文頭には必ず相関詞を置く.

(50) Glücklich **zu werden**, *danach* strebt der Mensch.（幸福になること,それを人は求める.)

(51) Katastrophenfilme brauchen nicht unbedingt wahrscheinlich **zu sein**, *darum* geht es nicht. (Süddeutsche Zeitung 05. 09. 1996, IDS)（大災害をテーマにした映画は必ずしも内容に蓋然性がある必要はない,蓋然性があるかどうかは問題ではない.)

C) haben＋zu不定詞など

zu不定詞が動詞habenの目的語となっている〈haben+zu不定詞〉という構文は,行為・状態の可能性,必然性もしくは義務を表す.必然・義務の場合は英語のhave to ... に相応する.

(52) Ich *habe* eine Erbschaft **zu erwarten**.（私には遺産相続の見込みがある.)

(53) Ich *habe* heute viel **zu tun**.（私は今日はやるべきことがたくさんある.)

(54) *Haben* Sie noch etwas **zu fragen**?（まだ質問［すべきこと］がおありですか.)

(55) Er *hat* noch **zu arbeiten**.（彼はまだ仕事をしなくてはならない．）

なお，〈sein+zu不定詞〉（→ 1.4.1.2.）はこの〈haben+zu不定詞〉における動詞の目的語を主語に変換した場合の文型であると考えればよい．
 (52') Eine Erbschaft *ist* **zu erwarten**.（遺産相続が見込まれる．）
 (53') Viel *ist* heute **zu tun**.（多くのことが今日なされなくてはならない．）
 (54') *Ist* noch etwas **zu fragen**?（何か尋ねられるべきことはありますか．）
 (55') Es *ist* noch **zu arbeiten**.（まだ仕事がなされなくてはならない．）［自動詞の場合は非人称のesを主語にたてる］

〈haben+zu不定詞〉と同じく，finden, geben, machen, bekommen, schenken, [an]treffen, überlassen, es kommt ... an, es gibt, es giltにzu不定詞が続く場合も，行為・状態の可能性，必然性もしくは義務を表す．
 (56) Ich *fand* nichts an ihm **auszusetzen**.（私は彼に何ら非難すべき点を見い出さなかった．）
 (57) Die Frau *gab* uns **zu trinken**.（その女性は私たちに飲むもの（＝飲むためのもの）を与えてくれた．）
 (58) Ich *bekam* oft Lügen **zu hören**.（私はよく嘘を聞かねばならなかった．）
 (59) Er *traf* viele Unordnungen im Hause **zu beseitigen** *an*.（彼は家で取り除くべき多くの混乱に出くわした．）
 (60) Die Philosophen haben die Welt nur verschieden interpretiert; *es kommt* aber *darauf an*, sie **zu verändern**.（Marx）（哲学者たちは世界をさまざまに解釈してきただけであった．重要なのはしかし世界を変革することである．）
 (61) Hier *gibt es* viel **zu schauen**.（ここには見るべきものがたくさんある．）
 (62) *Es gilt*, einen Entschluss **zu fassen**.（決断することが必要だ．）
 (63) *Es gilt* **zu verhindern**, daß die südafrikanischen Wahlhelfer beim Ausfüllen der Zettel massiven Einfluß auf die Wähler nehmen.（Mannheimer Morgen 02. 10. 1989, IDS）（有権者が投票用紙に記入する際に，南アフリカの選挙ボランティアが，彼らに多大な影響を及ぼすのを阻止することが重要だ．）

1. 不 定 詞

　なおhabenとともに用いられるzu不定詞の場合，4格目的語を，不定詞となっている動詞の目的語であると解釈するのか，habenの目的語であると解釈するのかによって意味が異なる．

　(64) Er *hat* alte Bücher **zu verkaufen**.
　(a) 彼は古い本を**売らねばならない**．(haben zu verkaufen)
　(b) 彼は**売ってもいい**（売ることのできる）古本をもっている．(alte Bücher zu verkaufen)

　(b)は「4格目的語（alte Bücher）＋（他動詞の）zu不定詞（verkaufen）」が一つのまとまりである．zu verkaufenはalte Bücherを規定しており，「売ってもいい（売ることのできる）古本」を意味している．

D）　brauchen/pflegen/wissen＋zu不定詞など

　brauchen（〜する必要がある），drohen（〜するおそれがある），pflegen（〜するのを常としている），vermögen（〜することができる），versprechen（〜を期待させる），wissen（〜する術を心得ている）などの動詞は，コンマを介さず直接zu不定詞を伴うことができる．

　(65) Ich *brauche* heute nicht **zu arbeiten**. (今日は私は**働か**なくてよい．)
　(66) Du *brauchst* keine Angst **zu haben**. (心配しなくていいよ．)
　(67) Du *brauchst* es mir nur **zu sagen**. (そのことを僕に言ってくれさえすればいいんだよ．)
　(68) Das alte Haus *droht* **einzustürzen**. (その古い家はいまにも**崩れ落ち**そうだ．)
　(69) wie man **zu sagen** *pflegt* ... (しばしば言われるように…)
　(70) Das Paradies *pflegt* sich erst dann als Paradies zu erkennen **zu geben**, wenn wir aus ihm vertrieben sind. (Hesse) (パラダイスは，そこから追放されて初めてそこがパラダイスであったことを分から**せる**ものだ．)
　(71) Nur wenige *vermochten* sich **zu retten**. (生き延びることができたのはほんのわずかだった．)
　(72) Das Buch *verspricht* ein Bestseller **zu werden**. (この本はベストセラーになりそうだ．)
　(73) Er *weiß* das Leben **zu genießen**. (彼は人生を楽し**む**術を心得ている．)
　(74) Du *weißt* gut mit den Kindern **umzugehen**. (君は子供の扱い方がう

まいね.)

　なお, brauchen は以前は単純不定詞を取ることが多かったが, 今日では上に示したようにzu不定詞を取ることの方が多い. 特に否定詞がある場合やnur, bloßなどで限定されている場合はほとんどzu不定詞を取る. しかしまれに口語でzuを省くこともある. ただし, 不定詞を文頭に置くような強調構文の場合には, 文の調子を崩さないため単純不定詞の方が優先される. またzu不定詞を取る場合のbrauchenは過去分詞にge-の付いた過去分詞ではなく, 代用不定詞を用いる (→ 1.2.9.).

　(75)　**Wundern** *braucht* man sich nicht! (驚くにはおよばない.)
　(75')　(*) **Zu wundern** *braucht* man sich nicht!
　(76)　Er hätte nicht **zu eilen** *brauchen*. (彼は急ぐ必要はなかったのに.)

E)　形容詞の目的語として

　いくつかの形容詞は4格目的語, 2格目的語, 前置詞格の目的語に相当するものとしてzu不定詞をとる. この場合には相関詞のesや代名詞的副詞が省略されることが多い. このような形容詞のほとんどはいわゆる相対的形容詞 relative Adjektive といわれるものである. 相対的形容詞とは, それ自身では完全な意味を表し得ず, 他の語で意味を補わなければならない形容詞を指す. つまり意味を補うための目的語としてzu不定詞が用いられるのである. zu不定詞をとる相対的形容詞には次のようなものがある.

（▽は古語, 雅語の用法を意味する）
　　begierig (2格目的語▽; 〜をむさぼる／auf+4格; 〜を熱望している)
　　bereit (zu+3格; 〜の用意（準備）のできた)
　　fähig (2格目的語▽／zu+3格; 〜の能力がある)
　　froh (2格目的語▽／über+4格; 〜を喜んでいる)
　　gewiss (2格目的語／4格目的語; 〜を確信している)
　　gewohnt (4格目的語; 〜に慣れている = gewöhnt)
　　müde (2格目的語／4格目的語; 〜にうんざりした)
　　sicher (2格目的語; 〜に確信（自信）をもっている／vor+3格; 〜に対して安全な)
　　stolz (auf+4格; 〜を誇りとしている)

1. 不定詞

  traurig（über+4格；～を悲しんでいる）
  wert（2格目的語▽／4格目的語；～に値する, ふさわしい）
  würdig（2格目的語／4格目的語▽；～に値する, ふさわしい）
  zufrieden（4格目的語▽／mit+3格；～に満足している） など.
 (77) Ich bin [dazu] *bereit*, seine Bitte **zu erfüllen**.（私には彼の願いをききとどける用意がある.）
 (78) Ich bin [es] *gewohnt*, früh **aufzustehen**.（私は早起きには慣れている.）
 (79) Er ist [es/dessen] *müde*, weiter **zu leben**.（彼は生きながらえるのにうんざりしている.）

また以下の相対的形容詞は過去分詞から転じたものである.

  bekümmert（um+4格／über+4格；～の心配をしている, ～を気に病んでいる）
  beschäftigt（mit+3格；～に従事している, ～で忙しい）
  betrübt（über+4格；～を悲しんでいる）
  bewusst（2格目的語；～を意識（自覚）している）
  entfernt（von+3格；～から遠く離れた）
  entschlossen（zu+3格；～することを決心した）
  entzückt（von+3格；～に夢中になっている）
  erstaunt（über+4格；～に驚いた）
  geeignet（zu+3格；～に適している）
  gewöhnt（4格目的語／an+4格；～に慣れている）
  verpflichtet（zu+3格；～の義務を負った） など.
 (80) Ich bin mir [dessen] nicht *bewusst*, dich beleidigt **zu haben**.（私が君を侮辱したなんて思いもよらなかった.）
 (81) Ich bin weit [davon] *entfernt*, deinen Worten **zu glauben**.（私には君の言うことなんてとうてい信じられない.）

相対的形容詞も付加語的に用いられうる.

 (82) Seine **zu schauen** *begierigen* Augen waren weit geöffnet.（彼の見たくてたまらないという目は, かっと見開かれていた.）

1.4.2. 形容詞的用法

　zu不定詞[句]が，名詞（多くは抽象名詞）の後ろに置かれ，付加語的な修飾語として使われることがある．このzu不定詞[句]がかかるのは，不定詞を目的語とする動詞または形容詞から派生した名詞である場合が多い．これらの名詞はほとんどの場合，定冠詞を伴う．なお，zuのない単純不定詞にこのような付加語的用法はない．

A) 先頭の文字を大文字にして中性名詞化した不定詞（→ 1.2.16.）を修飾する．例えばdas Vermögen（能力），das Streben（志向），das Verlangen（欲求），das Bemühen（骨折り），das Vertrauen（信頼），das Vorhaben（計画），das Unternehmen（企画）など．

　(1) Vorrangiges Motiv war *das Streben*, durch Trockenlegung und Entwässerung von Feuchtgebieten neue landwirtschaftliche Flächen **zu gewinnen.** (Mannheimer Morgen 03. 11. 1998, IDS)（優先的な動機は湿地帯から水を抜いて干拓し，新たに農地を**得よう**という志向であった．）

　(2) Bei Altenheimen, die in den letzten Jahren entstanden sind, spürt man *das Bemühen*, vom sterilen Klinikcharakter **wegzukommen**. (Mannheimer Morgen 29. 08. 1989, IDS)（近年設立された高齢者施設では，殺伐とした病院的性格から**脱却しよう**とする努力が感じられる．）

B) 動詞的意味の強い抽象名詞を修飾して，その意図，結果，または内容を表す．これらの名詞にはzu不定詞を目的語に取る動詞に由来するものが多い．例えばder Anlass（動機），der Entschluss（決断），die Erwartung（期待），die Furcht（恐れ），die Hoffnung（希望），der Versuch（試み），der Wunsch（願い）など．

　(3) Der Film war auch *der Anlass*, das Buch in einer neuen Ausgabe mit Film-Fotos **herauszubringen**（Dressler-Verlag, 19,80 Mark）. (Mannheimer Morgen 18. 12. 1999, IDS)（映画化も，この本が映画のスチール写真付きの新版で**再出版**される契機となった［ドレスラー出版，19,80マルク］．）

　(4) Dann *der Versuch*, in Ungarn die grüne Grenze nach Österreich **zu überschreiten**. (Mannheimer Morgen 12. 09. 1989, IDS)（それからハン

1. 不 定 詞

ガリーにおいてオーストリアへひそかに国境を**越える**試みが［始まった］.）［die grüne Grenzeは直訳すれば「緑の国境」で, 柵などのない森林や草原の国境地帯を意味する. ここに引用したのは, 旧東ドイツの国民がハンガリーとオーストリアの国境地帯にある草原を, 多くは夜陰に乗じて越え, 西側へ亡命したことを報道した記事.］

C) 形容詞に由来する名詞を修飾する. もとの形容詞はzu不定詞を目的語に要求するものが多い（→ 1.4.1.3.のE)). 例えばdie Angst（不安), die Begierde（欲望), die Freude（喜び), die Gewohnheit（習慣), das Recht（権利) など.

(5) *Die Gewohnheit* **zu lügen** ist hässlich. (嘘をつく習慣は醜い.）

(6) Die Menschen haben *das Recht*, frei von Angst vor Gefahren und Bedrohungen **zu leben**. (人間には危険と脅威に対する不安なしに生きる権利がある.）

D) 次のような抽象名詞を修飾する. das Geld（お金), die Gelegenheit（機会), der Grund（理由), das Mittel（手段), die Möglichkeit（可能性), die Ursache（原因), die Zeit（時間) など.

(7) In Zusammenarbeit mit dem Landesmuseum für Technik und Arbeit bietet der „Mannheimer Morgen" 25 Lesern *die Gelegenheit*, kostenlos **mitzufahren**. (Mannheimer Morgen 31. 07. 1989, IDS)（技術・労働博物館との協賛でマンハイマム朝刊紙は読者25名に無料**乗船**のチャンスを提供いたします.）［ネッカー河蒸気外輪船ツアーの案内から］

(8) [Es gibt] *Zeit* **zu schweigen**, *Zeit* **zu reden**, *Zeit* **aufzuhören**. (Sprichwort)（なにごとにも**沈黙**すべきとき, 語るべきとき, 切り上げるべきときというものがある.）

E)「人」を意味する名詞（der Mann（男), die Frau（女), die Leute（人々) など) や普通名詞を修飾する. この場合は, 関係文的な説明句になるか, 副詞的な句になる.

(9) Ich bin nicht *der Mann*, mich erschüttern **zu lassen**. (私は気持ちがぐらつくような男ではない.）

(10) Sie sind *die Leute*, Großes **zu erreichen**. (彼らは偉大なことを**成し遂げる**人たちだ．)

(11) Wer *Ohren* hat, **zu hören**, der höre. (Bibel) (**聞く**［ための］耳のある者は聞くがよい．)

F) im Begriff[e] sein（または stehen）（まさに～しようとしている），im Stande（または imstande）sein（～することができる），in der Lage sein（～することができる），auf dem Sprung[e] sein（または stehen）（まさに～しようとしている）などの成句と共に用いる．この zu 不定詞［句］は Begriff, Stand などの名詞にかかる形容詞的用法と考えてよい．

(12) [...] man *war im Begriffe*, den Schlag **zu schließen**, als Tony von einer plötzlichen Bewegung überkommen ward. (Mann) ([…]まさに馬車の扉が**閉め**られようとしたときトーニは突然感動に襲われた．)

(13) Denn wenn irgend etwas *imstande ist*, aus einem Literaten einen Dichter **zu machen**, so ist es diese Bürgerliebe zum Menschlichen, Lebendigen und Gewöhnlichen. (Mann) (というのも，そもそも文士を詩人に**変える**ことができるものがあるとすれば，それは人間的なもの，生き生きとしたもの，平凡なものへのこの市民愛に他なりません．)

(14) Menschen *sind in der Lage*, den Sinn der Geschichte **zu entziffern** und ihren Kurs **zu ändern**. (Mannheimer Morgen 14. 04. 1989, IDS) (人類は歴史の意味を**解読**し，歴史の針路を**変更**することができる．)

(15) Er *war auf dem Sprung*, Berlin **zu verlassen**. (彼は今まさにベルリンを**離れる**ところだった．)

(16) Mit erheblichen Anstrengungen hat sich Siemens dort fest etabliert und *steht auf dem Sprung*, weitere Fortschritte **zu machen**. (Mannheimer Morgen 27. 01. 1989, IDS) (ジーメンス社は大幅な企業努力によって，彼の地に確固たる地位を確立したが，今まさに更に前進しようとしている．)

1. 不定詞

1.4.3. 副詞的用法

1.4.3.1. um ... zu不定詞

〈um ... zu不定詞〉という構文は主文の主語の意図・目的を表す。この構文の歴史的な成り立ちを見てみよう。例えば Er arbeitet, **um** sein Brot **zu** verdienen.（彼はパンを稼ぐ[生活の資を得る]ために働く）という文は，もとは Er arbeitet um sein Brot.（彼はパンを求めて（パンのために）働く）であって，前置詞umはこの場合，意志・欲望の対象または目標を表しており，zu verdienen（稼ぐために）はそれに付加された規定詞であった。しかし次第に Brotがverdienenの目的語であると感じられ，それに伴い前置詞um がsein Brotを支配するのではなく，不定詞句sein Brot verdienenを支配するように感じられて，um sein Brot zu verdienenとなり，「目的」を表す〈um ... zu不定詞〉という構文が成立するに至ったのである。

(1) Er geht zum Buchhändler, **um** ein Wörterbuch **zu** kaufen.（彼は辞書を買うために本屋へ行く。）

(2) Man muß schon etwas wissen, **um** verbergen **zu** können, daß man nichts weiß. (M. v. Ebner-Eschenbach)（無知を隠すことができるためにはすでになにがしかの知恵がいる。）

(3) Den Deutschen muß man verstehen, **um** ihn **zu** lieben; den Franzosen muß man lieben, **um** ihn **zu** verstehen. (Tucholsky)（ドイツ人を愛するためにはドイツ人を理解しなくてはならない。フランス人を理解するためにはフランス人を愛さなくてはならない。）

古くはzu不定詞が移動・存在を表す動詞（gehen, kommen, da|sein など）と結ばれて，運動・存在の目的もしくは結果を規定していた。この場合は前置詞のzuが原義通りに「ために」を表していたのである。現在でもこの用法は残っているが，多くは〈um ... zu不定詞〉という形に移行してしまった。

(4) Das Mädchen *ging* in den Garten, Blumen **zu pflücken**.（その少女は花を摘むために庭に出た。）

(5) Ich *komme*, Abschied **zu** nehmen.（私はお別れを言うために来ました。）

(6) Die Gesetze *sind da*, befolgt, nicht beurteilt **zu** werden.（法が存在するのは遵守されるためであって，評価されるためにではない。）

zuのもつ原義が薄れ，「到達目標」の意味から転じて「ある状態への移行」

不定詞・分詞

を表すことがある．特にkommenと結んである状態への自然の成り行きを表す．この場合,「たまたまそうなった」というニュアンスが強い．

(7) Gestern Abend *kam* ich neben ihr（またはsie）**zu sitzen**.（私は昨晩[たまたま]彼女の隣に座ることになった．）

(8) Dabei *kamen* sie auch auf ihre Eltern **zu sprechen**.（その際彼らは自分たちの両親についても**話**すことになった＝話題が自然と両親に関することに移行していった．）

慣用的表現「人⁴（まれに人³) teuer zu stehen kommen」（人⁴（まれに人³）にとって高い代償を支払う目にあう，まずい結果を招来する）は，上のkommen + zu 不定詞に由来している．

(9) Dieser Fehler wird ihn（まれにihm）*teuer* **zu** *stehen kommen*.（この過ちのために彼は高い**代償を払**わなくてはならない羽目に陥るだろう．）

また「あまりに」という過剰の意味の副詞zuを前に伴った形容詞または副詞に〈um ... zu不定詞〉が続くと，「あまりに…なので〜できない」，あるいは「〜するにはあまりに…」を表す．また，後ろにgenugを置いた形容詞または副詞に〈um ... zu不定詞〉が続くと，「十分に…なので〜できる」，あるいは「〜するには十分…である」を表す．どちらの場合もumを省略することもある．

(10) Er ist *zu* krank, **um** das Bett **zu verlassen**.（彼はあまりに容態が悪いので，床を**離れる**ことができない．）

(11) Heidi trat heran, aber es war *zu* klein, **um** etwas sehen **zu können**; es langte nur bis zum Gesims hinauf. (Spyri)（ハイディは［窓に］近寄ってみたが何かを見る**こと**ができるにはあまりに背が低かった．せいぜい窓敷居までしか届かなかったのだ．）

(12) Er ist alt *genug*, **um** mich zu **verstehen**.（彼は私の言うことを**理解**するのに十分な年齢に達している．）

zuやgenugの他にもsoやallzuが形容詞または副詞に伴って〈[um] ... zu不定詞〉と結ぶことがある．これらの構文における形容詞が，それ自体で意味が完結している**絶対的形容詞**absolute Adjektiveのままであれば，それ以上の補足成分は不必要であるが，副詞so（それほど），allzu（あまりに），genug（〜なだけ十分）のような意味が付加されて，目的語に相当する補足成

— 54 —

1. 不 定 詞

分を必要とする相対的形容詞（→ 1.4.1.3. のE））に変わっていると解釈される場合には，この補足成分が〈[um] ... zu不定詞〉目的語として必要とされるわけである．

(13) Sie hat *so* viel Geld, **um** sich unabhängig **zu machen**.（彼女は自立することができるくらいたくさんのお金をもっている．）

(14) Ich hab den Hund *allzu* gern, **um** ihn weggeben **zu können**.（私は人にあげることなんてできないくらいその犬を気に入っている．）

また，genugが名詞に後置され，これを〈[um] ... zu不定詞〉が修飾する場合も見られる．

(15) Die Schrift hat **Stellen** *genug*, **um** alle Stände **zu trösten** und alle Stände **zu erschrecken**.（Pascal）（聖書には，あらゆる階級の人々を慰め，かつおののかせるに足るだけの箇所がふんだんにある．）［ドイツ語訳はDuden 12; *Zitate und Aussprüche*による］

意図・目的を表す〈um ... zu不定詞〉に準じた用法に，次の二つがある．

A) 結果を表すum ... zu不定詞

目的を表す〈um ... zu不定詞〉という形式が，結果ないし生起の交替を，それが本来の目的であったかのように表現する場合がある．

(16) Der Mann zog sich zögernd zurück, **um** nach fünf Minuten wieder **aufzutreten**.（Mann）（その男はためらいながら引き下がったかと思うと5分後には再び姿を表した．）

(17) Er kreuzte, zum Tische der Seinen gehend, den Weg des Aufbrechenden, schlug vor dem grauhaarigen, hochgestirnten Mann bescheiden die Augen nieder, **um** sie nach seiner lieblichen Art sogleich wieder weich und voll zu ihm **aufzuschlagen** und war vorüber. Adieu, Tadzio! dachte Aschenbach.（Mann）（彼は家族のいるテーブルに行こうとして，この出発しようとしている男（アッシェンバッハ）の前を横切った．白髪まじりの，しかも髪が後退したこの紳士の前で慎ましやかに目を伏せたかと思うと，彼はその目をいかにも愛くるしく，再びすぐに柔らかく大きくアッシェンバッハの方に見開いてから，通りすぎた．さようなら，タッジョー，とアッシェンバッハは心の中で言った．）

不定詞・分詞

B) 絶対的用法

〈um ... zu不定詞〉は，目的を表すことから転じて，単なる断り書きとしても用いられることがある．これらは文の成分に数えられないいわゆる絶対的用法の不定詞 absoluter Infinitiv といわれるもので，多くは主文の定動詞の位置に影響を与えない．またumはしばしば省略される．

(18) **Um** es kurz (frei/klar) **zu sagen**, *ich liebe dich*. (要するに（思い切って／はっきり）言えば，君を愛しているんだ．)

(19) Er ist, **um** es möglichst gelinde **auszudrücken**, ungebildet. (彼は，できるだけ穏健な言い方をすれば，教養に欠けている．)

(20) Er ist ein seltsamer Mensch, **um** nicht **zu sagen** ein Narr. (彼は馬鹿とは言わないまでも，奇妙な人間ではある．)

(21) [**Um**] die Wahrheit **zu sagen**, *es sind* schreckliche Leute. (本当のことを言えば，奴らははとんでもない連中だ．)

〈[um] ... zu 不定詞〉の絶対的用法は過去分詞を用いた分詞構文で言い替えることができる (→ 2.9.3.)．

um es kurz **zu sagen** = kurz *gesagt*

um es möglichst gelinde **auszudrücken** = möglichst gelinde *ausgedrückt* = gelindestens *gesagt*

他に次のような絶対不定詞が頻繁に使用される．

[**um**] mit Goethe **zu sprechen**, ... (ゲーテの言葉を借りて言うなら…)

um einen der bekanntesten Fällen **anzuführen**, ... (最もよく知られた例を一つ挙げるとすれば…)

um das Kind beim rechten Namen **zu nennen**, ... (そのものずばり率直に言わせてもらえば…)

(22) Die Härte, mit der er oft jungen Dichtern begegnete, die sich, **um** mit Kleist **zu reden**, „auf den Knien ihres Herzens" ihm näherten und ihm ihre Verse darbrachten, ist tragikomisch. (Mann) (クライストの言葉を借りれば「心の膝を曲げて」彼（＝ゲーテ）に近づき，自分の書いた詩を捧げた若い詩人たちに対して，彼が往々にして示した冷酷さは，悲喜劇的である．)

また，「～は言わずもがな」の言い方には次のようなものがある．

1. 不定詞

  [um] von 人・物・事[3] ganz **zu schweigen**
  [um] von 人・物・事[3] **abzusehen**
  [um] von 人・物・事[3] gar nicht **zu reden**
  um 人・物・事[4] nicht **zu erwähnen**
  um 人・物・事[4] **zu geschweigen**
  人・物・事[4] nicht **zu rechnen**

(23) [**Um**] von den Soldaten ganz **zu schweigen**, sind mehr als fünfhunderttausend dem Krieg zum Opfer gefallen. (兵士については言うまでもなく，50万以上の人が戦争の犠牲となった.)

さらに，古風な言い回しで，畏まって恐る恐る申し上げるような場合にzu不定詞の絶対的用法が見られる．

  mit Respekt **zu melden** (謹んで申し上げますが)
  mit Permiss **zu sagen** (こう申しては何ですが)
  mit Euer Gnaden Genehmigung **zu sagen** (畏れながら申し上げますが)
  [Ihnen] **zu dienen!** (かしこまりました.)
  [Gehorsamst/Untertänigst] **aufzuwarten!** (かしこまりました，さようでございます.)

(24) Sie sind der Wirt? ― **Aufzuwarten**. (そなたが店の主人か ― さようでございます.)

1.4.3.2. ohne ... zu不定詞と [an]statt ... zu不定詞

〈ohne ... zu不定詞〉は「～することなしに」を，〈[an]statt ... zu不定詞〉は「（本来すべきことをせず）～をするかわりに」を表す．これらの構文の成り立ちも〈um ... zu不定詞〉に倣ったものであるという推測もある．また，ohne Lächeln (微笑むことなしに)，mit Weinen (泣きながら／泣くことで) のような，前置詞に名詞化された不定詞が結び付く用法も，〈ohne ... zu不定詞〉，〈[an]statt ... zu不定詞〉などの形式の成立に影響を及ぼしたであろうと考えられている．なお〈um ... zu不定詞〉，〈ohne ... zu不定詞〉，〈[an]statt ... zu不定詞〉のum, ohne, [an]stattは，もはや前置詞ではなく，接続詞とみなされる．

(25) Er ging durch den Regen, **ohne** einen Mantel **zu tragen**. (彼はコートも着ないで雨のなかを歩いて行った.)

(26) Es ist fast unmöglich, die Fackel der Wahrheit durch ein Gedränge zu tragen, **ohne** jemandem den Bart **zu sengen**.（Lichtenberg）（誰かの髭を焦がすことなく，真理の松明を掲げたまま群衆の中を押し分けて進むことは，ほとんど不可能である．）

(27) Zufriedene sind Resignierende, **ohne** es **zu wissen**.（R. Rolfs）（満足している者は，それと知ることなく，諦めている者である．）

(28) Er ging ins Ausland, **anstatt** das Geschäft des Vaters **weiterzuführen**.（彼は父親の仕事を継ぎもせず，外国へ行った．）

(29) **Statt** die Arbeit **zu erleichtern** und **beschleunigen**, sind E-Mails in Unternehmen inzwischen vielerorts vom Produktivitäts- zum Belastungsfaktor geworden.（企業内の電子メールは，仕事を軽減し促進することをせずに，いつの間にか多くの場所において，次第に生産性を高める要因からそれを阻害する要因へと変化してきた．）

ただし，不定詞が heißen の述語内容詞である文形（→ 1.2.15）では，述語内容詞が単純不定詞であることに呼応して〈[an]statt＋単純不定詞〉となる場合がある．

(30) Einen Krieg beginnen *heißt* nichts weiter als einen Knoten **zerhauen**, **statt** ihn **auflösen**.（Morgenstern）（戦争を始めるということは結び目を解きほぐすのではなくて，それを断ち切ってしまうことに他ならない．）

また〈[um] ... zu 不定詞〉と同じく〈ohne ... zu不定詞〉にも絶対的用法がある．

ohne mich **zu rühmen**（自慢するわけではないが）

ohne mich entschuldigen **zu wollen**（言い訳をしたいわけではないが）

(31) Der Fehler des Lokomotivführers werde, **ohne** ihn entschuldigen **zu wollen**, dadurch relativiert.（Züricher Tagesanzeiger 18. 09. 1996, IDS）（機関士の過ちは，彼の罪を免除したいわけではないが，それによって相対化されるという．）

1.4.4. 強い願望・疑念などの表明

単純不定詞が強い願望・疑念などの表明に使われることはすでに述べた（→ 1.2.12.）が，zu不定詞も文に相当するはたらきをして，願望や特に不快

な疑念，嘆きなどを表すことがある．
　(1) Dich **zu verlassen**, die ich so liebe ... und froh **zu sein**?（こんなに愛しているあなたと別れて…しかも心楽しくしていろとでもおっしゃるのですか．）
　(2) Was **anzufangen**?（いったい何を始めろというのだ．）
　(3) Jetzt fort **zu müssen**!（もう行かなくてはならないとは！）

1.4.5. 関係代名詞とともに

　関係文中の語句にzu不定詞［句］が付加する場合，不定詞［句］は関係代名詞の直後に挿入することもできるし，関係文の完結したあとに置くこともできる．
　(1) Sie sind der Einzige, *der* diesen Vorschlag **anzunehmen** das Recht und demnach auch die Pflicht hat.（あなたがこの提案を受け入れる権利と，それに伴ってまた義務をもった唯一の人間なのです．）
　(1') Sie sind der Einzige, *der* das Recht und demnach auch die Pflicht hat, diesen Vorschlag **anzunehmen**.

　ただし，関係代名詞をzu不定詞［句］の動詞が目的語とする場合は，zu不定詞は関係詞の直後にしか置かれない．
　(2) Beschämt zieht sich der Junge unter Rosies Basiliskenblick zurück, Schritt für Schritt, wimmernd wie ein kranker Säugling, und auch Rosie schämt sich, eben der Wirkung dieses Blickes, *den* etwa vor einem Spiegel später **zu wiederholen** sie nie den Mut finden wird.（M. L. Kaschnitz）（その少年はロージー［少女の名］のバジリスクのようなまなざしに恥じ入って，病気の乳飲み子のようにしゃくりあげながら一歩一歩後ずさりした．そしてロージーもまた，まさに自分のこのまなざしの威力を恥ずかしく思った．のちに例えば鏡の前でこんな目つきをもう一度してみるなどという勇気をロージーはもてそうになかった．）［「バジリスク」はアフリカの砂漠に棲み，人間をにらんで殺すという伝説上の怪物］

1.5. 不定詞の意味上の主語

　不定詞には主語が形の上では現れないが，不定詞が表す行為・状態の意味上の主語は文中でおのずから定まる．不定詞の意味上の主語が文の文成分で

ある場合もあるし，文中にはそれが見当たらない場合もある．

1.5.1. 文の主語と不定詞の意味上の主語が同一の場合
(1) Ich hoffe, dich bald **wiederzusehen**. (私は君にすぐにまた会えることを望んでいる．) [wieder|sehen の意味上の主語も私]
← *Ich* hoffe, dass *ich* dich bald wiedersehe.
(2) Er leugnet, die Frau **zu kennen**. (彼はその女性と面識があるということを否定している．) [kennen の意味上の主語も彼]
← *Er* leugnet, dass *er* die Frau kennt.

　このタイプの動詞には hoffen, leugnen の他に次のようなものがある．これらのほとんどすべては4格を取る他動詞であるが，中には前置詞格目的語を取るものもある．それらに関しては前置詞とその支配する格を（ ）内に示した．zu不定詞[句]がこの前置詞格目的語になる場合は，その部分がdavon, dazu, darum などの代名詞的副詞の相関詞に変わる．相関詞が必要であるかどうかについては1.4.1.3.のB)を参照してほしい．

　　ab|lehnen 拒絶する
　　an|fangen 始める　[zu不定詞を直接取る他動詞の場合と，mit 事³を取る自動詞の場合がある]
　　an|geben 告げる
　　auf|geben 断念する
　　auf|hören やめる　[自動詞であるがzu不定詞を取ることができる]
　　beabsichtigen 意図する
　　bedauern 残念に思う
　　befürchten 恐れる
　　beginnen 始める　[zu不定詞を直接取る他動詞の場合と，mit 事³を取る自動詞の場合がある]
　　behaupten 主張する
　　bei|tragen (zu 事³)　事³に貢献する
　　bereuen 後悔する
　　beschließen 決定する
　　bezweifeln 疑う

— 60 —

1. 不 定 詞

denken（an 人・事[4]）人・事[4]のことを思う
drohen 脅す ［自動詞であるがzu不定詞を取ることができる．また「脅す」の意味の他に，「今にも…しそうである」という意味でもzu不定詞を取ることができる．例；Die Mauer droht **einzustürzen**.（この壁は今にも崩れそうだ．）］
erklären 説明する
ertragen 耐える
erwägen ～しようと考える
erwarten 期待して待つ
fiebern（nach 事[3]）事[3]を熱望している
fort|fahren ～し続ける
fürchten 恐れる，心配する
geloben 誓う
gestehen 告白する
glauben ～と思う
lieben 好む
meinen 思う
neigen（zu 事[3]）事[3]する傾向がある
planen 計画する
prahlen（mit 事[3]）事[3]を自慢する
riskieren 敢えて～する
schwören 誓う
streben（nach 事[3]）事[3]を得ようと努力する
träumen（von 事[3]）事[3]を夢想する
übernehmen 引き受ける
unterlassen やめる
verdienen ～にふさわしい
vergessen 忘れる
verlernen （習ったことを）忘れる
vermeiden 避ける
vermögen ～することができる
vermuten 推測する

不定詞・分詞

　　versäumen（機会などを）逃す
　　versichern 請け合う
　　versprechen 約束する
　　versuchen 試みる
　　vertragen 耐えられる
　　verweigern 拒否する
　　verzichten（auf 事⁴）事⁴を諦める
　　vor|haben 計画する
　　vor|täuschen ～のふりをする
　　vor|ziehen ～のほうをより好む
　　wagen 思い切ってやってみる
　　wünschen 望む
　　zaudern（mit 事³）事³を躊躇する
　　zögern（mit 事³）事³を躊躇する
　　zu|geben 白状する
　　zu|gestehen 本当だと認める
　　zu|sagen 約束する　　など．

　なお，上に挙げた動詞のうち意味的に，特に完了不定詞と結び付きやすいものもある．例えば下のような動詞である．
　　bedauern 残念に思う
　　bereuen 後悔する
　　erklären 説明する
　　gestehen 告白する
　　leugnen 否定する
　　zu|gestehen 本当だと認める　　など．
　(3) Er *bereut*, das Auto gekauft **zu haben**. (彼はその車を買ったことを後悔している．)
　← *Er* bereut, dass *er* das Auto gekauft hat.

　再帰動詞のいくつかも，文の（定動詞の）主語と不定詞の意味上の主語が同一であるタイプに属する．

1. 不　定　詞

sich⁴ ab|mühen（mit 事³）事³で骨を折る，苦労する
sich⁴ an|strengen 努力する
sich⁴ beeilen 急ぐ
sich⁴ begnügen（mit 事³）事³に甘んじる
sich⁴ bemühen 努力する
sich⁴ entschließen（zu 事³）事³をしようと決心する
sich⁴ freuen（auf 人・物⁴）人・物⁴を楽しみに待つ
sich⁴ freuen（über 人・物⁴）人・物⁴のことを喜ぶ
sich⁴ freuen（an 人・物³）人・物³を楽しむ
sich⁴ fürchten（vor 人・物³）人・物³を恐れる
sich⁴ genieren 恥ずかしがる，気がねする
sich⁴ getrauen 敢えて〜する
sich⁴ hüten（vor 人・物³）人・物³に用心する
sich⁴ schämen 恥ずかしく思う
sich⁴ scheuen（vor 事³）事³にしりごみする
sich⁴ sehnen（nach 人・物³）人・物³にあこがれる
sich⁴ sträuben（gegen 事⁴）事⁴に逆らう
sich⁴ trauen 思い切って〜する
sich⁴ weigern 拒む，拒否する
sich⁴ wundern 驚く
sich³ 事⁴ an|maßen 事⁴を不当に行使する
sich³ 物⁴ aus|bitten 物⁴を強く要求する
sich³ 物・事⁴ ein|bilden 誤って物・事⁴だと思い込む
sich³ 事⁴ vor|nehmen 事⁴を企てる　　など．

(4) Ich *beeile mich*, den Zug **zu erreichen**.（私は汽車に間に合うように急いでいる．）

← *Ich* beeile mich, damit *ich* den Zug erreiche.

(5) Sie *fürchtet sich*, allein dorthin **zu gehen**.（彼女は一人でそこへ行くことを怖がっている．）

← *Sie* fürchtet sich, dass *sie* allein dorthin geht.

文の（定動詞の）主語が不定詞の意味上の主語と同一になるタイプの動詞

不定詞・分詞

の中には，3格目的語を伴うものもあるが，それは後述の1.5.3.「文の3格目的語と不定詞の意味上の主語が同一の場合」とは別である．

(6) Ich habe ihm *versprochen*, die Akten **abzuholen**. (私は彼に書類をとってくることを約束した．)

← *Ich* habe ihm versprochen, dass *ich* die Akten abhole.

不定詞の意味上の主語と文の主語の数が一致しない場合もある．例えばmit 人[3]という前置詞句が文の主語を含めて複数の意味の主語を形成するような場合である．

(7) Ich habe mit ihr *abgemacht*, gemeinsam **zu verreisen**. (私は彼女と一緒に旅行することにした．)

← *Ich* habe *mit ihr* abgemacht, dass *wir* gemeinsam verreisen.

不定詞の意味上の主語と文の主語の数が一致しないタイプの動詞には上記ab|machenの他に次のようなものがある．

aus|machen 取り決める，申しあわせる
überein|stimmen (mit 人[3] in 事[4]) 人[3]と事[4]に関して意見が一致する
verabreden 取り決める，申しあわせる
wetteifern (mit 人[3] um 事[4]) 人[3]と事[4]をめざして争う
sich[4] einigen (mit 人[3]) 人[3]と意見が一致する
sich[4] verschwören (mit 人[3]) 人[3]と結託する　　など．

1.5.2. 文の4格目的語と不定詞の意味上の主語が同一の場合

(8) Ich habe ihn *gebeten*, sich mehr **zu schonen**. (私は彼にもっと体を大切にするよう懇願した．)

← Ich habe *ihn* gebeten, dass *er* sich mehr schont.

(9) Ich habe ihn *beauftragt*, die Akten **abzuholen**. (私は彼に書類を取ってくるよう依頼した．)

← Ich habe *ihn* beauftragt, dass *er* die Akten abholt.

このタイプの動詞には上記bitten, beauftragenの他に次のようなものがある．

1. 不定詞

ab|halten（人⁴ von 事³）（人⁴が事³するのを）妨げる
an|flehen（人⁴ um 事⁴）（人⁴に事⁴するよう）懇願する
an|halten（人⁴ zu 事³）（人⁴が事³するように）促す
an|klagen（人⁴を）非難する，告発する
an|leiten（人⁴ zu 事³）（人⁴に事³の）手ほどきをする
an|regen（人⁴ zu 事³）（人⁴が事³するように）促す
an|spornen（人⁴ zu 事³）（人⁴が事³するように）励ます
an|stiften（人⁴ zu 事³）（人⁴が事³するように）そそのかす
an|treiben（人⁴ zu 事³）（人⁴が事³するように）せきたてる
an|weisen（人⁴に〜するよう）指示する
auf|fordern（人⁴ zu 事³）（人⁴が事³するように）要求する
auf|rufen（人⁴ zu 事³）（人⁴が事³するように）呼びかける
beneiden（人⁴ um 事⁴）（人⁴を事⁴ゆえに）妬む
berechtigen（人⁴が事³する）資格を与える
beschuldigen（人⁴に事²の）罪を帰する
beschwören（人⁴に）懇願する
bestärken（人⁴の企てなどを）支持する
bewegen*（人⁴ zu 事³）（人⁴が事³を）する気にさせる
drängen（人⁴ zu 事³）（人⁴が事³するように）迫る
ein|laden（人⁴ zu 事³）（人⁴が事³するように）誘う
ermächtigen（人⁴ zu 事³）（人⁴が事³する）全権を与える
ermahnen（人⁴ zu 事³）（人⁴が事³するよう）注意する
ermutigen（人⁴ zu 事³）（人⁴が事³するよう）勇気づける
gewöhnen（人⁴ an 事⁴）（人⁴を事⁴に）慣れさせる
hindern（人⁴ an 事³）（人⁴が事³するのを）妨げる
mahnen（人⁴ zu 事³）（人⁴が事³するよう）促す
nötigen（人⁴ zu 事³）（人⁴が事³するよう）強要する
überreden（人⁴ zu 事³）（人⁴が事³するよう）説得する
veranlassen（人⁴ zu 事³）（人⁴が事³するよう）促す
verleiten（人⁴ zu 事³）（人⁴が事³するよう）誘惑する
verpflichten（人⁴ zu 事³）（人⁴が事³するよう）義務づける
warnen（人⁴ vor 事³）（人⁴が事³しないよう）警告する

不定詞・分詞

zwingen（人⁴ zu 事³）（人⁴が 事³するよう）強いる　など．
（このbewegen*は強変化する．）

なお，使役の助動詞（→ 1.2.3.），知覚動詞・感覚動詞（→ 1.2.4.）などでは単純不定詞と結び付く．この場合，不定詞の意味上の主語は4格目的語である．

　　(10) Ich *höre* ihn **singen**．（私には彼が**歌**っているのが聞こえる．）
　　← Ich höre *ihn*. *Er* singt.

bittenがzu不定詞を目的語にした場合，そのzu不定詞の主語は通常，次の例のようにbittenの目的語である4格目的語と一致する．
　　(11) Ich *bitte* ihn, **zu kommen**．（私は彼に，彼が来てくれるよう頼む．）
　　← Ich bitte *ihn*, dass *er* kommt.
しかし次のような場合がある．
　　(11') Ich *bitte* ihn, gehen **zu dürfen**．（私は彼に対して，私を行かせてくれるよう頼む．）
　　← Ich bitte *ihn*, dass *ich* gehen darf.
なぜこのように4格目的語ではなく，主文の主語と一致することが可能なのであろうか．それは，このgehen zu dürfenの背景に「彼がそれを許す（erlauben）」ということを「頼む（bitten）」という文が隠れているからである．
　　(11") Ich *bitte* ihn, gehen **zu dürfen**.
　　← Ich bitte *ihn*, dass *er* mir erlaubt, dass ich gehe.
この書き換えの可能性をふまえてIch bitte ihn, dass ich gehen darf. が成り立つのであり，bittenと結ぶ不定詞[句]全体の意味上の主語は，そこに隠れているerlaubenの主語，つまり文の定動詞bittenの4格目的語である「彼」であることに変わりはない．

1.5.3. 文の3格目的語と不定詞の意味上の主語が同一の場合

　　(12) Ich habe dem Kellner *gesagt*, sofort Tee **zu bringen**．（私はボーイにすぐにお茶をもってくるように言った．）
　　← Ich habe *dem Kellner* gesagt, dass *er* sofort Tee bringt.

— 66 —

1. 不 定 詞

(13) Ich *rate* Ihnen davon *ab*, alleine dorthin *zu* gehen.（私はあなたに一人ではそこへ行かないよう忠告しておきます．）

← Ich rate *Ihnen* davon ab, dass *Sie* alleine dorthin gehen.

このタイプの動詞には次のようなものがある．

　　an|gewöhnen（囚³にとって團⁴が）習慣になる
　　auf|tragen（囚³に團⁴を）依頼する
　　befehlen（囚³に團⁴を）命令する
　　ein|schärfen（囚³に團⁴を）懇々と説いて聞かせる
　　empfehlen（囚³に團⁴を）勧める
　　erlassen（囚³に團⁴を）免じる
　　erlauben（囚³に團⁴を）許可する
　　frei|stellen（囚³に團⁴の）選択を任せる
　　gestatten（囚³に團⁴を）許可する
　　gönnen（囚³に團⁴を）快く認める
　　raten（囚³に團⁴するよう）助言する
　　überlassen（囚³に團⁴を）委ねる
　　untersagen（囚³に團⁴を）禁じる
　　verbieten（囚³に團⁴を）禁じる
　　versagen（囚³に團⁴を）拒む
　　vor|werfen（囚³を團⁴のことで）非難する
　　zu|flüstern（囚³に團⁴を）ささやく
　　zu|muten（囚³に團⁴を）強要する
　　zu|raten（囚³に團⁴を）勧める
　　zu|reden（囚³に團⁴を）説いてさせる
　　zu|rufen（囚³に團⁴を）大声で言う　　　など．

1.5.4. 文の前置詞格目的語と不定詞の意味上の主語が同一の場合

(14) Er *dringt* in mich **mitzukommen**.（彼は私に一緒に来るようにしつこく迫る．）

← Er dringt *in mich*, dass *ich* mitkomme.

このタイプの動詞には次のようなものがある．
  appellieren（an 人⁴）（人⁴に～するよう呼びかける）
  ein|wirken（auf 人⁴）（人⁴に～するよう働きかける）　　など．

1.5.5. 不定詞の意味上の主語が文中に認められない場合

　これは一般に妥当する内容の発話の場合に多く見られる．多くの場合，不定詞[句]を dass 文に書き改めると，不定代名詞の man が主語として現れる．また文脈から類推できる特定の人や物が主語に当たることもある．

　(15) Der Arzt empfiehlt, nicht **zu rauchen**.（医者は禁煙を勧める．）

　← Der Arzt empfiehlt, dass *man* nicht raucht.

単純不定詞についても同様の場合が見られる．

　(16) Dem Feinde **verzeihen** ist edel.（敵を赦すことは高貴である．）

　← Dass *man* dem Feinde verzeiht, ist edel.

　(17) Dich **aufgeben**, das ist alles, was Not tut.（おまえをあきらめること，それが必要なことのすべてだ．）

　← Dass *ich* dich aufgebe, das ist alles, was Not tut.

ただし (15) の述語動詞 empfehlen などの場合，不定詞の意味上の主語となる特定の文成分が現れることもある（→ 1.5.3.）．

　(15') Der Arzt empfiehlt *mir*, nicht **zu rauchen**.（医者は私に禁煙を勧める．）

　← Der Arzt empfiehl *mir*, dass *ich* nicht rauche.

逆に，動詞の意味によっては，不定詞の意味上の主語をあらわす文成分が文中に現れることを許さない場合がある．この場合不定詞の意味上の主語は不定代名詞の man である．

　(18) Die Polizei hat *angeordnet*, die Geschäfte um 6 Uhr **zu schließen**.（警察は店を 6 時に**閉める**ように指示した．）

　← Die Polizei hat *angeordnet*, dass *man* die Geschäfte um 6 Uhr schließt.

1. 不 定 詞

不定詞の意味上の主語が文中に認められないタイプの動詞には次のようなものがある.
- befürworten 支持する
- polemisieren 論争する
- protestieren 抗議する
- verfügen 職権によって命令する　など.

1.5.6. 不定詞の意味上の主語が不定詞の動詞の意味によって決まる場合

不定詞の意味上の主語が文の定動詞の主語と同一になるのか, 4格目的語／3格目的語／前置詞格目的語などと同一になるのかが, 不定詞の動詞の意味によって決まる場合がある.

(19) Ich habe ihr *angeboten*, den Ring **zu bezahlen**.（私は彼女に指輪の代金を払うと申し出た.）

← Ich habe *ihr* angeboten, dass *ich* den Ring bezahle.

(19') Ich habe ihr *angeboten*, bei mir **zu wohnen**.（私は彼女に私の所に住まないかと申し出た.）

← Ich habe *ihr* angeboten, dass *sie* bei mir wohnt.

(20) Er *verlangt* von mir, den Schüler **zu sehen**.（彼は私にその生徒に会わせるよう要求した.）

← Er verlangt von *mir*, dass *er* den Schüler sieht.

(20') Er *verlangt* von mir, den Schüler **zu bestrafen**.（彼は私にその生徒を罰するよう要求した.）

← Er verlangt von *mir*, dass *ich* den Schüler bestrafe.

このタイプの動詞には上記an|bieten, verlangenの他に次のようなものがある.
- beantragen 申請する
- fordern 要求する
- vor|schlagen 提案する　など.

helfenは, helfenとともに用いられる不定詞が単純不定詞であるのか, それともzu不定詞であるのかによって, 不定詞の意味上の主語が変わる.

1.2.3. で見たようにhelfenが単純不定詞とともに用いられた場合には，3格目的語とhelfenの主語がともに一つの行為に携わっていることが多く，zu不定詞とともに用いられた場合には，3格目的語とhelfenの主語がそれぞれ別の行為に携わっていることが多い．この違いを書き換えによって示せば，以下のようになる．

(21) Ich *helfe* ihm **tragen**. (私は彼と一緒に荷物を運ぶ．)
→ Ich helfe *ihm. Er* und *ich* tragen.
(21') Ich *helfe* ihm **zu tragen**. (私は彼が荷物を運ぶのを手助けする．)
→ Ich helfe *ihm. Er* trägt.

1.6. 不定詞の「時」

不定詞を従える定動詞の表す行為や状態が生起する「時」と，不定詞の表す行為や状態が生起する「時」との関係は，三通りに分けることができる．

A) 両者が同時的に生起する場合
(1) Ich *höre* das Kind **schreien**. (私にはその子供が叫んでいるのが聞こえる．) [hören「聞こえる」こととschreien「叫ぶ」ことは同時に生起している]
(2) Sie *meinte* **zu träumen**. (彼女は夢を見ているのだと思った．)
[meinen「思う」こととträumen「夢を見る」ことは同時に生起している]

B) 定動詞の「時」が不定詞の「時」よりも後になる場合
不定詞は完了不定詞となる．
(3) Ich *muss* dieses Buch schon einmal **gelesen haben**. (私はもうこの本を一度読んだことがあるにちがいない．)
[müssen「ちがいない」という判断よりもlesen「読む」という行為のほうが先に生起した]
(4) Er *glaubt*, bereits in Köln **angekommen zu sein**. (彼は自分がすでにケルンに到着したと思い込んでいる．)
[glauben「思い込む」ことよりもan|kommen「到着する」ことのほうが先に生起した]

なお，bedauern（残念に思う），bereuen（後悔する），gestehen（白状す

る），leugnen（否定する），zu|gestehen（本当だと認める）なども完了不定詞を取ることが多い（→ 1.5.1）．

C）定動詞の「時」が不定詞の「時」よりも先行する場合
　（5）Wir *wollen* heute Abend ins Konzert **gehen**.（私たちは今夜コンサートに行くつもりだ．）
　［wollen「つもりである」ことよりも gehen「行く」ことのほうがあとに生起する］
　（6）Ich *hoffe*, Sie bald **wiederzusehen**.（あなたにすぐに再会できることを望みます．）
　［hoffen「望む」ことよりも wieder|sehen「再会する」ことのほうがあとに生起する］
　なお an|fangen（始める／始まる），beginnen（始める／始まる），erwarten（期待する），versuchen（試みる），wünschen（望む）などでも，後から生起することを zu 不定詞［句］で続けることが多い．

1.7. zu 不定詞［句］による副文の書き換え

　zu 不定詞［句］は主語が明示されないという点で副文とは異なるが，文の主語や目的語などの文肢になることができるので，機能の点で副文ときわめて似ている．そこで zu 不定詞［句］の代わりに副文を用いても，あるいは逆に副文を zu 不定詞［句］に置き換えても，意味に変わりのない場合が多く，zu 不定詞［句］はしばしば副文の短縮に用いられる．
　zu 不定詞［句］を使って短縮できるのは主として主語文，目的語文としての dass 文である．また状況語文や付加語文も zu 不定詞［句］を使って短縮されることがある．ただしすべての dass 文が zu 不定詞［句］に置き換えられるわけではない（→ ドイツ語文法シリーズ第 9 巻『副文・関係代名詞・関係副詞』9.1.9.；ドイツ語文法シリーズ第 6 巻『接続詞』6.4.3.1.；藤縄 1994）．

1.7.1. dass 文が主語文の場合
A）dass 文の主語と主文の目的語が同一である場合，dass 文を zu 不定詞［句］で置き換えることができる．

(1) Dass *ich* im Lotto gewonnen habe, freut *mich* sehr.（ナンバーくじを当てて私はたいへん嬉しい．）
→ Im Lotto gewonnen **zu haben**, freut mich sehr.
(2) Dass *ich* ihm die Wahrheit sage, fällt *mir* schwer.（彼に本当のことをいうのは私には気が重い．）
→ Ihm die Wahrheit **zu sagen**, fällt mir schwer.

B) dass文の主語が不定代名詞のmanである場合，dass文をzu不定詞［句］で置き換えることができる．
(3) Dass *man* nicht zu viel isst, ist ratsam.（腹八分目が良い．）
→ Nicht zu viel **zu essen** ist ratsam.

やや古風な言い方では単純不定詞が使われる．
(4) Dass *man* ehrlich ist, währt am längsten.（正直は最上の策．）
→ Ehrlich **sein** währt am längsten.
上のようなことわざ風の言い回しでは不定詞が省略されることもある（→ 1.2.14.）．
(4') Ehrlich [**sein**] währt am längsten.
(5) Dass *man* etwas aufgeschoben hat, ist nicht gleich, dass *man* etwas aufgehoben hat. = [Etwas] aufgeschoben [**haben**] ist nicht [gleich] [etwas] aufgehoben [**haben**]. = Aufgeschoben ist nicht aufgehoben.（延期は中止にあらず．）

1.7.2.　dass文が述語内容詞にあたる場合

A) dass文の主語が主文の成分（特に所有代名詞）と同一である場合，dass文をzu不定詞［句］で置き換えることができる．
(6) *Meine* Aufgabe ist, dass *ich* am Wege stehe und predige.（私の使命は路傍に立ち，説教することにある．）
→ *Meine* Aufgabe ist, am Wege **zu stehen** und **zu predigen**.

B) dass文の主語が不定代名詞のmanである場合，dass文をzu不定詞［句］で置き換えることができる．

(7) Das Glück ist, dass *man* in Frieden und Freiheit lebt.（幸福とは平和と自由のもとに暮らすことである．）
→ Das Glück ist, in Frieden und Freiheit **zu leben**.

1.7.3. dass 文が目的語文の場合（→ 特に藤縄1994）

A）dass 文の主語が主文の主語と同一である場合，dass 文を zu 不定詞［句］で置き換えることができる（→ 1.5.）．

(8) *Ich* hoffe, dass *ich* dich bald wiedersehe.（君にまたすぐに会えるといいのだが．）
→ Ich hoffe, dich bald **wiederzusehen**.
(9) *Er* ist [es] gewohnt, dass *er* früh aufsteht.（彼は早起きには慣れている．）
→ Er ist [es] gewohnt, früh **aufzustehen**.

B）dass 文の主語が主文の目的語と同一である場合，dass 文を zu 不定詞［句］で置き換えることができる（→ 1.5.）．

(10) Ich habe *ihn* gebeten, dass *er* sich mehr schont.（私は彼にもっと体を大切にしてくれるよう懇願した．）
→ Ich habe ihn gebeten, sich mehr **zu schonen**.
(11) Ich rate *Ihnen* davon ab, dass *Sie* alleine dorthin gehen.（私はあなたに一人ではそこに行かないよう忠告する．）
→ Ich rate Ihnen davon ab, alleine dorthin **zu gehen**.

C）dass 文の主語が不定代名詞の man である場合，dass 文を zu 不定詞［句］で置き換えることができる．

(12) Er ist damit einverstanden, dass *man* die Abreise auf morgen verschiebt.（彼は出発を明日に延期することを了承している．）
→ Er ist damit einverstanden, die Abreise auf morgen **zu verschieben**.

なお dass 文の定動詞の時称と zu 不定詞［句］が表す時間の関係は，以下のようになる．

(13) Er verspricht, dass er das Auto *kauft*.（彼はその車を買うことを約束した．）

Er verspricht, dass er das Auto *kaufen wird.*
→ Er verspricht, das Auto **zu kaufen.**
(14) Er bereut, dass er das Auto *kaufte.*（彼はその車を買ったことを後悔している.）
Er bereut, dass er das Auto *gekauft hat.*
Er bereut, dass er [damals] das Auto *gekauft hatte.*
→ Er bereut, das Auto **gekauft zu haben.**

つまり，dass文の時称が現在あるいは未来ならば，zu不定詞［句］の不定詞は単なる不定詞，dass文の時称が過去，現在完了あるいは過去完了ならば，zu不定詞［句］の不定詞は完了不定詞である．

また，dass文中に未来の助動詞werdenや話法の助動詞sollen, wollenなどがある場合，zu不定詞［句］に書き換える際それらは省略されることがある（→ 1.7.3.1.）．

(15) Er versprach mir, dass er pünktlich kommen *wird.*（彼は時間通りに来るだろうと私に約束した.）
→ Er versprach mir, pünktlich **zu kommen.** [kommen zu werdenではない］
(16) Dass ich ihm die Wahrheit sagen *soll,* fällt mir schwer.（彼に本当のことを言わなければならないのは私には気が重い.）
→ Ihm die Wahrheit **zu sagen,** fällt mir schwer. [sagen zu sollenではない］
(17) Wir haben abgemacht, dass wir gemeinsam verreisen *wollen.*（私たちは一緒に旅行することにした.）
→ Wir haben abgemacht, gemeinsam **zu verreisen.** [verreisen zu wollen ではない］

1.7.3.1. dass文とzu不定詞［句］相互の書き換えが制限される場合

　以上のようにdass文が目的語文である場合，それをzu不定詞［句］で書き換えること，あるいはその逆に変換することは，上記の条件A），B），C）のいずれかを満たしていれば，ひとまず可能であると考えてよいが，実際は，zu不定詞［句］のみが可能であったり，あるいは逆にdass文のみが可能であった

1. 不 定 詞

り，さらに両者の使用の間に意味的な差異が生じたりする．

この現象は，目的語となるzu不定詞[句]が「〜すること」または「〜であること」を意味しているために，「既定であるとみなしてよい事柄」ないし「すでに決定された命題」を表していると考えられることと関連がある．主文の定動詞の意味や，その文の発話者の発話内容に対する主観的態度などによって，zu不定詞[句]とdass文のどちらかしか可能でなくなったり，どちらにするかによって意味が同じでなくなったりするわけである．以下に具体例を挙げてこの現象について述べる．

A) zu不定詞[句]しか可能でない場合

主文の定動詞がwagen（思い切って〜する），zwingen（〜を強いる）などの「**行為**」**を求める動詞**の場合，目的語にはzu不定詞[句]しかなることができず，dass文を用いることはできない．これらの動詞の場合，「思い切って〜する」，「〜を強いる」等の「〜」に当たる「行為」は，主文の述語が表す行為よりもあとから生起するが，「思い切って〜し」たり，「強制的に〜させ」たりする前提として，その「〜」の内容がすでに決まっていて，変更不可能であるということが必須である．別言すれば，以下のようになる．wagenの場合は何かを自分に「思い切らせ」，zwingenの場合は何かを他者に「強制的に行わせる」のであるが，これらの動詞を使おうとする者は，「〜」の行為が行われるのは「だれかが思い切ったり，強制したりするからであり，もしそうでなければその行為が行われる必然性はない」と考えていることが前提である．したがって言語使用者は，wagenやzwingenという動詞を選択した時点ですでに，「〜」が「必然性のある行為」，「既定であるとみなしてよい事柄」，換言すれば「いまさら変更できない命題」であるという意味関係を受け入れていることになるのである．

(18) Sie *wagte*, ihn **anzusprechen**. (彼女は思い切って彼に**話しかけ**てみた＝「彼に話しかける」という「既定であるとみなしてよい事柄」を思い切って遂行した.)

(18') *Sie *wagte*, **dass** sie ihn anspricht.

(19) Monika hat ihn *gezwungen*, in Deutschland **zu bleiben**. (モーニカは彼に，ドイツにとどまるよう強いた＝「ドイツにとどまる」といういまさら変更できない命題を強制した.)

(19') *Monika hat ihn *gezwungen*, **dass** er in Deutschland bleibt.

　行為の実現を拒否ないし禁止する動詞，例えばab‖lehnen（拒否する）や verbieten（禁止する）の場合も，zu不定詞［句］のみが目的語になり，dass文を用いることはできない．この場合拒否ないし禁止されるのは「既定とみなしてよい事柄」としての命題的行為を遂行することである．

　　(20) Er *lehnte* es *ab*, darüber **zu** sprechen.（彼はそれについて**話す**のを拒んだ＝既定とみなしてよい事柄としての命題的行為「それについて話す」を拒否した．）

　　(20') *Er *lehnte* es *ab*, **dass** er darüber spricht.

　　(21) Der Arzt hat ihm *verboten*, Alkohol **zu trinken**.（医者は彼に**飲酒**を禁じた＝既定とみなしてよい事柄としての「アルコールを摂取する」という命題的行為を禁じた．）

　　(21') *Der Arzt hat ihm *verboten*, **dass** er Alkohol trinkt.

　ただし「行為」を求める動詞であっても，befehlen（命令する），erlauben（許可する）などはdass文を許容する．それは，これらの動詞がその行為の遂行が実際には行なわれないことも認容することを含意している場合である．このことは，wagenやzwingenを述語とする文に，行為が遂行されなかったことを内容とする文をaberでつなぐことはできないのに反して，befehlen, erlaubenの場合は，それが可能であるのを見れば納得できよう．

　　(18") *Sie *wagte*, ihn **anzusprechen**, **aber** sie hat ihn nicht angesprochen.

　　(19") *Monika hat ihn *gezwungen*, in Deutschland **zu bleiben**, **aber** er ist nicht in Deutschland geblieben.

　　(22) Der Zöllner *befahl* dem Reisenden, den Koffer **zu öffnen**, **aber** dieser hat es nicht getan.（税官吏がツーリストにスーツケースを**開ける**ことを命じたが，彼はしたがわなかった．）

　　(23) Wir *erlauben* den Schülern, in den Pausen etwas **zu essen**, **aber** sie essen nichts.（私たちは生徒たちに，休憩時間に何か**食べる**ことを許可しているが，彼らは何も食べない．）

1. 不 定 詞

つまり，befehlen, erlauben に zu 不定詞[句]が続く場合，要請される行為は「既定であるとみなしてよい事柄」であって，遂行せざるを得ないことを，文の発話者は一応認めてはいるが，dass 文が続く場合は，その命令ないし許可される行為の内容に，発話者の主観的態度（例えば「スーツケースを開ける」という行為に対して「そうしなければならないのだ」という主観的態度，「休憩時間に何か食べる」という行為に対して「そうしてもかまわないのだ」という主観的態度）が混じると説明できよう．この主観的態度を言語的手段で顕示するとすれば，それは特に話法の助動詞によることになる．zu 不定詞[句]に発話者の主観的態度を表す話法の助動詞を用いると冗長と感じられるが，dass 文ではそのような印象が生じないことからも，zu 不定詞[句]は主観的態度が混じらない場合に用いられ，dass 文は主観的態度が混じる場合に用いられるのがうなずけるであろう．

(22') Der Zöllner *befahl* dem Reisenden, **dass** dieser den Koffer öffnen **muss**. (税官吏はツーリストにスーツケースを開け**なければならない**と命じた．)
(22'') (*) Der Zöllner *befahl* dem Reisenden, den Koffer öffnen **zu müssen**.
(23') Wir *erlauben* den Schülern, **dass** sie in den Pausen etwas essen **dürfen**. (私たちは生徒たちに，休憩時間には何か食べて**もかまわない**と言っている．)
(23'') (*) Wir *erlauben* den Schülern, in den Pausen etwas essen **zu dürfen**.

versprechen（約束する）も，befehlen, erlauben の場合と同様，「既定であるとみなしてよい事柄」としての行為が確実に遂行されることを意味する場合は，zu 不定詞[句]をとる．しかし，行為が遂行されないことを内容とする文を aber で続けることが可能である．

(24) Sie hat mir *versprochen*, pünktlich **zu kommen**. (彼女は私に時間通りに来ることを約束した．)
(24') Sie hat mir *versprochen*, pünktlich **zu kommen**, **aber** sie kam zu spät. (彼女は私に時間通りに来ることを約束したが，遅刻した．)

versprechen の目的語となる zu 不定詞[句]に話法の助動詞を用いることは

befehlen, erlaubenの場合と同様，冗長と感じられる．またdass文が続く場合，話法の助動詞を使うことが可能であるが，versprechenの主語がzu不定詞[句]の表す行為の遂行者なので，助動詞にはmüssenやdürfenではなくてwollen, werdenなどを用いることが多い．

(24) Sie hat mir *versprochen*, pünktlich **zu kommen**.

(24") *Sie hat mir *versprochen*, pünktlich kommen **zu werden**.

(24''') ⁽*⁾ Sie hat mir *versprochen*, pünktlich kommen **zu wollen**.

(24'''') Sie hat mir *versprochen*, **dass** sie pünktlich kommt/kommen **wird**/kommen **will**.

B) dass文しか可能でない場合

　主文の定動詞が「知覚・認識」を表す動詞の場合，zu不定詞[句]を目的語とすることは不可能であり，**dass文のみが用いられる**．an|sehen（[人][3]から[事][4]を見てとる），bestätigen（確認する），bemerken（気づく），erkennen（認識する），fest|stellen（分かる），merken（気づく），wissen（知っている），finden（～と思う），sehen（見る）のような動詞の場合，もっぱらdass文が目的文として現れるのである．これらの動詞がzu不定詞[句]を目的語にできないのは，zu不定詞[句]が「既定であるとみなしてよい事柄」ないし「すでに決定された命題」を意味することに起因する．つまり「知覚・認識」を表す動詞の場合，それらの動詞の主語は，これらの動詞を通じて初めて目的語文の内容を知覚ないし認識することができるのであって，目的語の内容を「既定の事柄」として，つまり「あらかじめ」知覚・認識していることはあり得ない．zu不定詞[句]に特徴的な「既定であるとみなしてよい事柄」，「すでに決定された命題」を意味するという性質と矛盾するがゆえに，知覚や認識を表す動詞は，zu不定詞[句]を目的語にすることはできないのである．

(25) Ich habe ihm *angesehen*, **dass** er krank ist.（私は彼の様子から，彼が病気なのを見てとった．）

(25') *Ich habe ihm *angesehen*, krank **zu sein**.

(26) Die Liebe Christi haben wir daran *erkannt*, **dass** er sein Leben für uns opferte.（私たちはキリストの愛を，彼が私たちのために自らの命を犠牲にしたということにおいて認識しているのです．）

(26') *Die Liebe Christi haben wir daran *erkannt*, sein Leben für uns

1. 不 定 詞

geopfert **zu haben**.

(27) Ich *weiß*, **dass** ich nichts weiß.（私は，自分が何も知らないことを知っている．）

(27') *Ich weiß, nichts **zu wissen**.

C) dass文が可能でzu不定詞［句］も制限つきで可能な場合

主文の定動詞が「伝達」を表す動詞，例えばbehaupten（主張する）やgestehen（告白する）の場合，dass文が続くことが多いが，zu不定詞［句］が続くことも可能である．ただしzu不定詞［句］が続く場合は，主語がzu不定詞［句］の内容を「既定であるとみなしてよい事柄」，「すでに決定された命題」として内面的に取り込んでいる，つまり事実であると確信しているということが前提である．

(28) Er *behauptet*, **dass** er sie nicht kennt.（彼は，彼女のことは知らない，と主張している．）

(28') Er *behauptet*, sie nicht **zu kennen**.（彼は，彼女のことは知らないのだ，と主張している．）

(29) Er hat *gestanden*, **dass** er im Lotto gewonnen hat.（彼は，ナンバーくじに当たった，と告白した．）

(29') Er hat *gestanden*, im Lotto gewonnen **zu haben**.（彼は，ナンバーくじに当たったんだ，と告白した．）

また，伝達とはいえないまでも，思考（denken考える），意図（beabsichtigen意図する），希望（hoffen望む），心理（sich freuen喜ぶ）などを表す動詞の場合，それらの動詞の主語がzu不定詞［句］で表される内容を「既定であるとみなしてよい事柄」，つまり実現の可能性がある事柄として命題化しているならば，命題はzu不定詞［句］で表される．

(30) Ich habe nie daran *gedacht*, **dass** ich für Deutschland spiele.（私はドイツのためにプレーすることを考えたこともなかった．）

(30') Ich habe nie daran *gedacht*, für Deutschland **zu spielen**.（私はドイツのためにプレーすることなど（確定的な命題として）考えたこともなかった．）

(31) Ich *hoffe*, **dass** ich seine nächste Frau werde.（私は彼の次の妻にな

りたいと思っている．)

(31') Ich *hoffe*, seine nächste Frau **zu werden**. (私は彼の次の妻になることを (確定的な命題として) 望んでいる．)
(32) Ich *freue mich* sehr, **dass** ich an dieser Konferenz teilnehmen kann. (私はこの会議に参加できるのを大変嬉しく存じます．)
(32') Ich *freue mich* sehr, an dieser Konferenz teilnehmen **zu können**. (私はこの会議に参加できること (参加しているという確定的事実) を大変嬉しく存じます．)

　behauptenやgestehenほどに伝達主体の主体的な態度 (「主張」や「告白」など) が表れず，まったく中立的に伝達することを表すsagen (言う) やschreiben (書く)，erwiedern (答える) などでは，dass文を用いるのがふつうである．しかしdass文の内容を「既定であるとみなしてよい事柄」，つまり実現可能性の高い事柄，端的に言えば「事実」として命題化したい場合はdass文をzu不定詞[句]に換えることがある．

(33) Und ich darf ohne Übertreibung *sagen*, **dass** ich in diesen Dingen etwas Erfahrung habe. (また私は，この方面にかけてはいささか経験豊富であると，掛け値なしに申し上げてよろしいかと存じます．)
(33') Und ich darf ohne Übertreibung *sagen*, in diesen Dingen etwas Erfahrung **zu haben**. (また私は，この方面にかけてはいささか経験豊富であることを，掛け値なしに申し上げてよろしいかと存じます．)
(34) Er hat seiner Mutter *geschrieben*, **dass** er in Finanznot gekommen ist. (彼は母親に，経済的に行き詰ったと手紙を書いた．)
(34') Er hat seiner Mutter *geschrieben*, in Finanznot gekommen **zu sein**. (彼は母親に，経済的に行き詰ってしまったことを手紙に書いた．)

　なお，dass文が目的語文ではなく，主語文である場合も，知覚・認識を表す動詞の場合は，dass文をzu不定詞[句]で置き換えることはできない (→ 1.7.3.1.のB))．これは例えばein|leuchten (明らかになる) のような知覚・認識を意味する動詞の場合，この動詞を通して初めて主語文の内容が明らかになるのであり，「既定であるとみなしてよい事柄」としてzu不定詞[句]で主語文の内容を表すことが不可能だからである．

(35) Es *leuchtete* ihr *ein*, **dass** sie verloren hatte.（彼女は自分が負けたのを悟った．）

(35') *Es *leuchtete* ihr *ein*, verloren **zu haben**.

1.7.4. dass文などが副詞的成分にあたる場合

〈dass ... 〉（…するために）は〈um ... zu ～〉で，〈so ... , dass ...〉（とても…なので…できる）は〈[um] ... , zu ～〉で，〈damit ...〉（…するために）は〈um ... zu ～〉で，〈zu ... , als dass ...〉（…するにはあまりに…）は〈zu ... , um ... zu ～〉で，〈ohne dass ... 〉（…することなしに）は〈ohne ... zu ～〉で，〈[an]statt dass ... 〉（…するかわりに）は〈[an]statt ... zu ～〉で書き換えられるが，それには以下それぞれの条件が必要である．

1.7.4.1. 〈dass ... 〉 ⇒ 〈um ... zu ～〉

dass文の主語が主文の主語と同一であること．

(36) *Du* sollst ein Taxi nehmen, **dass**（=damit）*du* den Zug noch erreichen kannst.（列車にまだ間に合うようにタクシーで行きなさい．）

→ Du sollst ein Taxi nehmen, **um** den Zug noch erreichen **zu können**.

1.7.4.2. 〈so ... , dass ... 〉 ⇒ 〈so ... , [um] ... zu ～〉

dass文の主語が主文の主語と同一であること．この場合umは省略可能である．

(37) *Sie* hat *so* viel Geld, **dass** *sie* sich unabhängig machen kann.（彼女はとてもたくさんのお金をもっているので自立することができる．）

→ Sie hat *so* viel Geld, [um] sich unabhängig machen **zu können**.

1.7.4.3. 〈damit ... 〉 ⇒ 〈um ... zu ～〉

A) damit文の主語が主文の主語と同一であること．

(38) *Ich* fahre in die Stadt, ***damit*** *ich* die CD kaufe.（私はそのCDを買いに街へ行く．）

→ Ich fahre in die Stadt, **um** die CD **zu kaufen**.

B) damit文の主語が主文の目的語と同一であること．

(39) Die Erklärung des Professors genügt *dem Studenten* nicht, **damit** *er* das Problem löst.（教授の説明はその学生が問題を解決するには不十分だった.）

→ Die Erklärung des Professors genügt dem Studenten nicht, **um** das Problem **zu lösen**.

C) damit文の主語が不定代名詞のmanであること.

(40) **Damit** *man* überhaupt E-Mails senden und verschicken kann, gibt es in der Menüleiste den Button „Senden und Empfangen". (そもそも電子メールを送ったり大量に配信したりできるように, メニューのフレームに「送信と受信」ボタンを設けています.)

→ **Um** überhaupt E-Mails senden und verschicken **zu können**, gibt es in der Menüleiste den Button „Senden und Empfangen".

1.7.4.4. 〈zu ... , als dass ... 〉⇒〈zu ... , um ... zu ～〉

A) dass文の主語が主文の主語と同一であること.

(41) *Sie* ist *zu* jung, **als dass** *sie* es verstehen könnte.（彼女はそれを理解するにはあまりに若すぎる.）

→ Sie ist *zu* jung, **um** es verstehen **zu können**.

B) dass文の主語が不定代名詞のmanであること.

(42) Die Suppe ist *zu* heiß, **als dass** *man* sie essen könnte.（このスープは飲むには熱すぎる.）

→ Die Suppe ist *zu* heiß, **um** sie essen **zu können**.

1.7.4.5. 〈ohne dass ... 〉⇒〈ohne ... zu ～〉

dass文の主語が主文の主語と同一である場合に限る.

(43) *Sie* können nicht urteilen, **ohne dass** *Sie* das ganze Buch gelesen haben.（あなたはこの本を全部読んでしまうことなしには判定を下すことはできません.）

→ Sie können nicht urteilen, **ohne** das ganze Buch gelesen **zu haben**.

1.7.4.6. 〈[an]statt dass ... 〉⇒〈[an]statt ... zu ～〉

dass文の主語が主文の主語と同一である場合に限る．

(44) *Er* schickte seinen Vertreter, **[an]statt dass** *er* selbst kam．（彼は自分で来る代わりに代理人を派遣してきた．）

→ Er schickte seinen Vertreter, **[an]statt** selbst **zu kommen**.

1.7.5. dass文が付加語文である場合

付加語のはたらきをするdass文は，次のそれぞれの条件を満たす場合，zu不定詞［句］で書き換えることができる．

A) dass文の主語が主文の主語と同一であること．

(45) *Wir* haben den Plan, dass *wir* uns ein Haus bauen．（私たちには私たちの家を立てる計画がある．）

→ Wir haben den Plan, uns ein Haus **zu bauen**.

B) dass文の修飾する動作名詞の意味上の主語とdass文の主語が一致すること．

(46) *Mein* Wunsch, dass *ich* sie heirate, wurde erfüllt．（彼女と結婚したいという私の望みはかなえられた．）

→ Mein Wunsch, sie **zu heiraten**, wurde erfüllt.

Wunsch（願い）の他にErlaubnis（許可），Hoffnung（希望），Annahme（仮定），Absicht（意図）などは，動詞から派生した動作名詞nomen actionis（→ 1.4.2.のB））である．動作名詞の前に所有冠詞を冠すると，これが動作名詞の意味上の主語となる．それはmein Wunschがich wünsche, ... と書き換えられることから理解できよう．

1.7.6. 条件を表す副文の短縮

不定詞の絶対的用法（→ 1.4.3.1のB））は，一種の条件を表す副文の短縮であると考えられる．

(47) Wenn ich es kurz sagen würde, ich liebe dich．（つまるところ，君を愛している．）

→ **Um** es kurz **zu sagen**, ich liebe dich.

(48) Wenn man die Wahrheit sagt（sagen darf），es ist unmöglich．（本

当のことを言えば, それは不可能だ.)
→ **Um** die Wahrheit **zu sagen**, es ist unmöglich.

1. 不定詞

参考文献一覧

Braune, Wilhelm: *Althochdeutsche Grammatik*. Fortgeführt von Karl Helm, bearbeitet von Walther Mitzka. Max Niemeyer Verlag, Tübingen 1967. (12. Auflage)

Brinkmann, Hennig: *Die Deutsche Sprache. Gestalt und Leistung*. Pädagogischer Verlag Schwann, Düsseldorf 1971. (2., neubearbeitete und erweiterte Auflage)

Dreyer, Hilke/**Schmitt**, Richard: *Lehr- und Übungsbuch der deutschen Grammatik*. Verlag für Deutsch, München 1999.

Engel, Ulrich: *Deutsche Grammarik*. Julius Groos Verlag, Heidelberg, Sansyusya Verlag, Tokyo 1988.

Helbig, Gerhard/**Schenkel**, Wolfgang: *Wörterbuch zur Valenz und Distribution deutscher Verben*. VEB Bibliographisches Institut, Leipzig 1978.

Jude, Wilhelm K.: *Deutsche Grammatik*. Georg Westermann Verlag, Braunschweig 1971. (13. Auflage)

Jung, Walter: *Grammatik der deutschen Sprache*. VEB Bibliographisches Institut, Leipzig 1980. (6., neubearbeitete Auflage)

Schulz, Dora/**Griesbach**, Heinz: *Grammatik der deutschen Sprache*. hueber, München 1976. (10. Auflage)

Sommerfeld, Karl-Ernst/**Schreiber**, Herbert: *Wörterbuch zur Valenz und Distribution deutscher Adjektive*. VEB Verlag Enzyklopädie, Leipzig 1977.

Duden 1: *Die deutsche Rechtschreibung*. Bibliographisches Institut, Mannheim 2006.

Duden 4: *Die Grammatik*. Bibliographisches Institut, Mannheim 1984, 1998, 2009.

Bertelsmann: *Die deutsche Rechtschreibung*. Bertelsmann Lexikon Verlag, Gütersloh 1999.

Wahrig: *Deutsches Wörterbuch*. Wissen Media Verlag, Gütersloh 2006.

伊東泰治：『ドイツ語分詞と不定詞』大学書林, 1957年
在間進：『詳解ドイツ語文法』大修館書店, 1992年
相良守峯：『ドイツ文法』岩波書店, 1951年
桜井和市／岩崎英二郎：『分詞・不定詞・話法』(『ドイツ語学文庫7』) 白水社, 1959年
桜井和市：『改訂　ドイツ広文典』第三書房, 1980年46版
関口存男：『冠詞』第3巻, 三修社, 1962年
──：『関口存男著作集　ドイツ語学篇3』三修社, 1994年
──：『関口存男著作集　ドイツ語学篇8』三修社, 1994年
田中康一：『ドイツ文法通論』郁文堂, 1951年
橋本文夫：『詳解ドイツ大文法』三修社, 1977年28版
藤縄康弘：「選択と視点 ── ドイツ語のzu不定詞補文について ──」愛媛大学法文学部『法文学部論集』文学科編第27号, 1994年
前島儀一郎：『英独比較文法』大学書林, 1947年
W. ミヒェル／樋口忠治／新保弼彬／小坂光一／吉中幸平：『これからのドイツ語』郁文堂, 1981年7版
G. ヘルビヒ／J. ブッシャ：『現代ドイツ文法』在間進訳, 三修社, 1982年
ペーター・フォン・ポーレンツ：『ドイツ語史』岩崎英二郎他訳, 白水社, 1974年
G. ヘンチェル／H. ヴァイト：『現代ドイツ文法の解説』西本美彦・高田博行・河崎靖訳, 同学社, 1994年
ドイツ語文法シリーズ, 大学書林：
　　第1巻『ドイツ語文法研究概論』浜崎長寿・乙政潤・野入逸彦, 2000年
　　第5巻『副詞』井口靖, 2000年
　　第6巻『接続詞』村上重子, 2003年
　　第9巻『副文・関係代名詞・関係副詞』乙政潤・橋本政義, 1999年

なお, 本文中に引用した例文の正書法に関しては, 引用もとの綴り方に従い, daßなどもそのまま使用している.

1. 不定詞

引用文献一覧

Die Bibel. Nach der Übersetzung Martin Luthers. Evangelische Haupt-Bibelgesellschaft zu Berlin und Altenburg. Revidierte Textfassung von 1964 (Altes Testament), 1956 (Neues Testament).

DUDEN *12. Zitate und Aussprüche. Herkunft und aktueller Gebrauch.* Dudenverlag, Mannheim/Leipzig/Wien/Zürich 1993.

Ebner-Eschanbach, Marie von: *Gesammelte Werke.* Band 9. Nymphenburger Verlagshandlung, München 1960.

Goethe, Johann Wolfgang von: *Goethes Werke. Hamburger Ausgabe in 14 Bänden.* Hg. von Erich Trunz. C. H. Beck, München 1981.

Kaschnitz, Marie Luise: „Lange Schatten". In: *Verteidigung der Zukunft. Deutsche Geschichten.* Hg. von Marcel Reich-Ranicki. dtv München. Erweiterte Ausgabe 1980.

Lichtenberg, Georg Christoph: *Schriften und Briefe II. Sudelbücher II.* Hanser, München. 2. Aufl. 1975.

Märkische Sagen und Märchen : nebst einem Anhange von Gebräuchen und Aberglauben. Gesammelt und herausgegeben von Adalbert Kuhn. Georg Olms, Hildesheim/New York 1973.

Mann, Thomas: *Gesammelte Werke in 13 Bänden.* Fischer, Frankfurt a. M. 1990.

Nossack, Hans Erich: „Begegnung im Vorraum". In: *Verteidigung der Zukunft.* a. a. O.

Rosenlöcher, Thomas: *Die Wiederentdeckung des Gehens beim Wandern. Harzreise.* edition suhrkamp. Frankfurt a. M. 1991.

Spyri, Johanna: *Heidi. Band I. Heidis Lehr- und Wanderjahre.* Arena-Taschenbuch, Würzburg 1988.

IDS (Institut für Deutsche Sprache) http://corpora.ids-mannheim.de/cosmas/

2. 分詞 Partizip

2.1. 分詞とは何か

　「分詞」Partizipという呼び名はラテン語のparticipiumに由来し，これはparticeps < pars capere「部分を分かち持つ」という意味を持つ．つまり分詞は，動詞的性質と形容詞的性質を分かち持つものである．動詞と形容詞の中間に位置するという意味でMittelwortと呼ばれることもある．
　ドイツ語の分詞は，形態的に現在分詞（Partizip Präsens/Partizip I/1. Partizip）と過去分詞（Partizip Präteritum/Partizip Perfekt/Partizip II/2. Partizip）の二つに分けられる．
　現在分詞の前に zu を置いたものは未来受動分詞（Gerundiv[um]/Partizip Futur Passiv）と呼ばれ，一般的な現在分詞とは異なり，受動の可能・必然の意味を持つ．
　分詞は，人称，数，時称，法にしたがって活用した形（定形）ではないので，不定詞と同様，不定形（infinite Verbform → 1.1.1.）の一つである．
　分詞とは**動詞が形容詞として働くもの**であると考えると，文中での分詞の役割がよく理解できる．すなわち，分詞は形容詞と同様，付加語的，述語的，副詞的に用いられる．付加語的に用いられた分詞は，形容詞と同様に名詞の性・数・格に応じた屈折語尾変化をする．

2.2. 現在分詞

2.2.1. 現在分詞の形態

　現在分詞は不定詞の語幹に-[e]ndを付加して作る．ほとんどの動詞は-endが付加される．

　　singen（歌う）: sing**end** < sing- + -end

　不定詞が-enで終わらないsein「存在する」，tun「する」も同様の作り方

2. 分　　詞

で作られる（→ 1.1.4.）．
　　seie**nd** < sei- + -end
　　tue**nd** < tu- + end
　一方，不定詞が -eln, -ern で終わる動詞は，語幹に -e- なしの -nd が付加される（→ 1.1.4.）．
　　lächeln（微笑む）: lächel**nd** < lächel- + -nd
　　zittern（震える）: zitter**nd** < zitter- + nd
　-[e]nd はインド・ヨーロッパ語の接尾辞 -nt に由来するので，語幹に -[e]nd が付加されるという説明は歴史的に見て正しいが，初学者は，不定詞に -d が付加されると考える方が覚えやすい．
　　singen: singe**nd** < singen + -d
　　lächeln: lächel**nd** < lächeln + -d
　　zittern: zitter**nd** < zittern + -d
　ただし，この考え方をとる場合は，sein と tun の現在分詞には -e- が挿入されると覚えねばならない．
　　seie**nd** < sein + -d　　tue**nd** < tun + -d

2.2.2.　付加語的に用いられた現在分詞

　名詞の付加語として用いられた現在分詞はまだ完了していない事態を表す．日本語では一般に「～する／～している」と訳される．
　　das **lesende** Mädchen（読書する／している少女）
　現在分詞の態（Genus Verbi）は能動（Aktiv）である．受動態（Passiv）の文は werden + 過去分詞によって表されるが，過去分詞 + werdend という形を作ることはできない．分詞で受動を表すためには過去分詞を単独で用いる．
　　Das Buch wird vom Mädchen gelesen.（その本は少女によって読まれている．）
　　　→ *das vom Mädchen **gelesen werdende** Buch
　　　→ das vom Mädchen **gelesene** Buch（少女によって読まれている本）
　現在分詞が名詞の付加語として用いられながら，名詞のうしろに置かれ，形容詞としての屈折語尾変化しない場合については → 2.9.1. 付加語的分詞構文．

2.2.2.1. 現在分詞が表す「時」

　上に述べたように現在分詞はまだ完了していない事態を表すが，完了していない事態とは，継続中であるか，未来に生じるか，特定の時間に関係なく永続的あるいは反復的であるか，一般論的・普遍的事実としていつでも起こりうるかなどさまざまである．lesend は，「(今) 読書している／(これから) 読書する／(いつも) 読書する」など，さまざまな意味を表すことが可能である．

　(1) Auf der Terasse sitzt ein **lesender** Mann.（テラスに，読書している男が座っている．)（動作継続中）

　(2) **Lesende** Kinder gehen in die Bibliothek.（読書する子供たちが図書館へ行く．)（未来／反復）

　(3) Nur aus **lesenden** Kindern werden **lesende** Erwachsene.（読書する子供だけが読書する大人になる．)（未来／反復／一般論）

　未完了の事態を表すという点で，現在分詞は現在形に近い．

　(4) Das Mädchen liest.（その少女は (今) 読書している／(これから) 読書する／(いつも) 読書する．)

　現在形と現在分詞の違いは，表される事態がいつの時点を基準にして未完了であるのかという点にある．現在形で基準となる時間は，その文が発話される時点であるが，現在分詞で基準となるのは，文の定動詞が表す時間である．

　現在分詞が表す時間は文の定動詞が表す時間を基準とするので，現在分詞を次のように関係代名詞を使った付加語文に置き換えると，付加語文の定動詞の時称が現在ならば現在に，過去ならば過去になる．

　(5) Der **einfahrende** Zug *ist* leer.（到着する列車は空だ．)
　　→ Der Zug, der **einfährt**, ist leer.

　(6) Der **einfahrende** Zug *war* leer.（到着する列車は空だった．)
　　→ Der Zug, der **einfuhr**, war leer.

　上の (6) が示すように，文の定動詞の時称が過去の場合，現在分詞はその過去の時点において未完了である事態を表すが，文の発話の時点から見ればそれは過去の事態である．

　現在分詞が未来の事態を表す場合，文の定動詞が過去であれば，現在分詞はその過去の事態から見て未来の事態を表すが，それが文の発話時から見て

2. 分　　詞

未来であるとは限らない．次の (7) においては，現在分詞 beginnend「始まる」が表す事態は，文の定動詞 legte「〔きっかけを〕作った」が表す時間を基準にして見れば未来であるが，文の発話時を基準にして見れば過去である．

(7) Vor zehn Jahren, in den ersten Augusttagen 1990, *legte* der irakische Diktator Saddam Hussein den Keim für den etwa ein halbes Jahr später **beginnenden** Golfkrieg [...]. (Salzburger Nachrichten, 03. 08. 2000, IDS)（10年前，1990年8月初旬にイラクの独裁者サダム・フセインは約半年後に始まる湾岸戦争のきっかけを作った．）

　上で見たように，現在分詞が文の定動詞の表す時間から見て未完了の事態を表すのが基本であるが，二つの例外がある．一つは，文の定動詞とは無関係に現在分詞が文の発話時から見て未完了の事態を表す場合である．もう一つは，文の定動詞が表す事態よりも現在分詞が過去の事態を表す場合である．

A）文の定動詞の時称に関わりなく，現在分詞が発話時から見て未完了の事態を表す場合

(8) *Heute* **geltende** Gesetze *können* morgen schon von Parlament und Regierung *geändert werden*. (St. Galler Tagblatt, 29. 11. 1999, IDS)（今日有効な法律も明日にはもう議会と政府によって変更されるかもしれない．）

(9) Die *bis heute* **andauernde** Verbindung zwischen Forschung und Industrie *entstand* erst in der zweiten Hälfte des 19. Jahrhunderts. (Züricher Tagesanzeiger, 09. 10. 1996, IDS)（今日まで続いている研究と産業の結合は19世紀後半になってようやく成立した．）

　上の (8) の文の定動詞 können の時称は現在であるが，表される事態は morgen「明日」という副詞が示すように未来である．また，(9) の文は entstand が過去であることからも明らかなように過去の事態を表す．しかし，現在分詞 geltend「有効な」は heute「今日」が付加されたことによって，また，andauernd「続いている」は bis heute「今日まで」が付加されたことによって，どちらも発話時現在に継続している事態を表す．これらの現在分詞句を付加語文に置き換えれば，その時称は文の時称とは無関係に現在になる．

(8')　→ Gesetze, die heute **gelten**, können morgen schon von Parlament und Regierung geändert werden.

(9') → Die Verbindung zwischen Forschung und Industrie, die bis heute **andauert**, entstand erst in der zweiten Hälfte des 19. Jahrhunderts.

現在分詞が特定の時間に限定されない一般論的な事態を表す場合も，現在分詞が表す時間は発話時が基準となるので，文の定動詞の時称が現在以外の形であれば，現在分詞の基準となる時間と文の定動詞の表す時間は一致しなくなる．この場合，時間を表す副詞は必要ない．

(10) Dort hatten Richter entschieden, daß die von Asbest **ausgehende** (Krebs-) Gefahr bereits in den 20er Jahren, spätestens in den 40er Jahren nicht nur erkennbar, sondern bekannt *war*. (Frankfurter Rundschau, 03. 11. 1997, IDS)（アスベストから生じる（発癌の）危険はすでに20年代に，遅くとも40年代には知ることができただけでなく，実際知られていたと，当地で裁判官が判決を下していた．）

→ [...] dass die (Krebs-) Gefahr, die von Asbest **ausgeht**, bereits in den 20er Jahren [...] bekannt war.

B) 文が表す事態よりも現在分詞が過去の事態を表す場合

この場合，通常現在分詞に過去を表す時間副詞が付加される．

(11) Unsere *früher* **bestehende** Verbundenheit, das Gemeinschaftsempfinden und der humane und demokratische Idealismus *sind* nicht mehr zeitgemäß [...]. (Kleine Zeitung, 20. 06. 1997, IDS)（以前存在した我々の団結性，連帯感，人道的・民主的理想主義はもはや時代に合わなくなっている．）

上の (11) の文の時称は現在であり，文の発話時現在の状態を表す．しかし，現在分詞はfrüher「以前」という副詞に規定されているので過去の事態を表す．

過去を表すことが文脈から分かる場合は時間副詞を必要としない．

(12) Am Mittwoch abend *fanden* Arbeitskollegen den alleine **lebenden** Mann tot im Wohnzimmer seines Hauses. (Oberösterreichische Nachrichten, 06. 09. 1996, IDS)（水曜日の晩に職場の同僚が，一人で暮らしていたその男が彼の家の居間で死んでいるのを発見した．）

上の (12) では文脈から，lebend「暮らしている」のがfand「発見した」

時よりも前であることが明らかである.

　現在分詞のこの用法は次のような形容詞の用法に準じている.

　　(13) Die *einst* **kleine** Bergbauerngemeinde [...] *hat* heute schon den meisten Tourismus der Steiermark. (Frankfurter Rundschau, 12. 12. 1998, IDS)（かつては小さかった山岳農民の村には今日ではすでにシュタイアーマルクで最多の観光客がある.）

　過去の事態を表しているからといって，現在分詞を過去分詞に置き換えるのは誤りである.

　　(11') → *Unsere früher **bestandene** Verbundenheit [...] *sind* nicht mehr zeitgemäß.

　過去分詞＋habendのような形を用いれば，時間関係を明確に表すことができるはずであるが，これも基本的に用いられない.

　　(11'') → *Unsere früher **bestanden habende** Verbundenheit [...] *sind* nicht mehr zeitgemäß.

2.2.2.2. 名詞との結びつきの論理性

　現在分詞によって修飾される名詞は，現在分詞の意味上の主語になるのが基本であるが，そうならない場合がある.

　　(1) Bloß wie er da um sich sah, blickte er plötzlich einem der vielen Kinder ringsum in das zufällig **weinende** *Gesicht* [...]. (Musil)（彼がふとそこで振り返ると，突然，周りにたくさんいる子供のうちの一人のたまたま泣いている顔が目に入った.）

　上のweinendとGesichtの結びつきは，文の形になおしてみると，Das Gesicht weint.「顔が泣いている」となって論理的でない．しかし，現在分詞が表す事態が，その人間全体ではなく身体の一部において生じていると考えれば，この結びつきは不自然ではない．実際，人間全体を主語に取る動詞（例えば**Ein Kind** weint.におけるweinen）が，現在分詞の形で身体の一部を表す名詞と結びつけられることは，文学作品ではよく行われることであり，興味深いことに「泣いている顔」という日本語訳もあまり違和感を感じさせない．次の例のBlick「視線」もその意味では，身体の一部と考えることができる.

　　(2) [...] der Offizier [...] überblickte mit einem gewissermaßen **bewun-**

dernden *Blick* den ihm doch wohlbekannten Apparat.（Kafka）（将校は
いわば**賛嘆**する目で自分がよく知っているはずの装置を見わたした．）
　　→ *Der Blick bewundert etwas.
　また，上とは異なるタイプで，非論理的に見えながら日本語に直訳しても
違和感がない次のような例がある．

　　(3) Sie [die Füße der Dame] machten einige **taumelnde**, unsichere *Bewegungen* nach rückwärts [...].（Bergengruen）（婦人の足は，うしろに何度かよろめく，おぼつかない**動き**をした．）

　上のtaumelndとBewegungenの結合も，通常Die Bewegungen taumeln.「その動きはよろめいている」とは，言わないことを考えれば非論理的である．この一見非論理的な結合を理解するためには，taumelndを動詞taumelnの中性名詞化したTaumelnの2格に置き換えてみるとよい．そうすると，taumelnde BewegungenはBewegungen des Taumelnsに等しいことが分かる．この場合のdes Taumelnsは内容を説明する2格であり，die Bewegungen des Taumelnsは「よろめくという動き」を意味する．現在分詞taumelndはdes Taumelnsという2格名詞のように，Bewegungenの内容を具体的に説明する機能を果たしているのである．

　中性名詞化した動詞の2格と置き換え可能な現在分詞が修飾する名詞には，(3)のBewegungenのように動詞派生のものが多い．その場合，taumelnde BewegungenのBewegungenを動詞に還元して，sich taumelnd bewegen「よろめいて動く」がもとになると考えることもできる．taumelndはsich bewegen「動く」の様態を具体的に規定する副詞的な分詞（→2.2.4.）である．次も同様の例である．

　　(4) das ungläubige, **zuschauende** *Lächeln* seiner eigenen Mutter, voll Mitleid und Geringschätzung für ihn（Musil）（彼自身の母の，彼に対する同情と軽蔑に満ちた，不信感を持って**見つめる微笑**）

　上の(4)のdas zuschauende Lächelnはzuschauend lächeln「見つめながらほほえむ」に還元すれば理解しやすくなる．

　他に，修飾される名詞が動詞派生ではないが，die sitzende Tätigkeit「座業」もsitzend tätig sein「座りながら働く」に還元できる．

　それに対し，die erzählende Dichtung「叙事文学」はerzählend dichten「語りながら詩作する」に還元できるかもしれないが，「（人が）語るという

形式を持つ文学（ジャンル）」と解すならば，分詞と名詞の結びつきが論理的とは言えない．他にbei nachtschlafender Zeit「人の寝静まる時間に」も非論理的な結びつきである．

2.2.2.3. 現在分詞を付加語的に用いることができない動詞

付加語として用いられる現在分詞は基本的にすべての動詞から作ることができる（付加語的な過去分詞にはもっと明確な形成の制限がある → 2.3.2.1.）．ただし，以下のような動詞は現在分詞を作ることがまれである．

A）天候を表す動詞の現在分詞

分詞は文中で形容詞と同じように働くので，名詞を修飾することが可能でなければならない．現在分詞が修飾するのは，Das Mädchen liest.「少女は読書する」→ das lesende Mädchen「読書する少女」のように，その動詞の主語にあたるものである．Es regnet.「雨が降る」，Es schneit.「雪が降る」の regnen, schneien のように結合価Valenz（→ ドイツ語文法シリーズ第1巻『ドイツ語文法研究概論』→ 1.1.4.）が０価の天候を表す動詞は，主語が非人称のesであるので，現在分詞になると修飾すべき名詞が存在しないため，現在分詞を形成しない．次のような例は例外的と言える．

(1) Dort wird in der Sickerwasser-Reinigungsanlage das in die Deponie **regnende** Wasser mit eben dieser Technik behandelt. (Frankfurter Rundschau, 11. 01. 1997, IDS)（その地域では浸透水浄化装置の中で，塵埃廃棄場に降り注ぐ水がまさにこの技術で処理される．）

それに対し，donnern, blitzen等は，Es donnert.「雷が鳴る」，Es blitzt.「稲光がする」のように０価の動詞としてだけではなく，Die Motoren donnern.「モーターが轟音を発する」，Das Silber blitzt.「銀がきらりと光る」のように，１価の結合価を持つ動詞としても用いられるので，容易に現在分詞を形成する．

 der **donnernde** Wasserfall（Musil）（**轟音を響かせる滝**）
 ein blanker, **blitzender** Fächer（Bergengruen）（まばゆい，きらめく扇）

B）seiend

動詞seinは連結動詞kopulatives Verb（→ ドイツ語文法シリーズ第1巻『ド

イツ語文法研究概論』1.1.4.）として述語的形容詞あるいは述語的1格名詞を補足語にとるが（例：Der Student ist *krank*.「その学生は病気である」，Der Student ist *Japaner*.「その学生は日本人である」），「病気である学生」，「日本人である学生」を der krank **seiende** Student, der Japaner **seiende** Student とは言わない．形容詞の場合は，形容詞自体が直接名詞を修飾する形で der kranke Stundent でよい．名詞の場合は，der Student, Japaner のように同格（Apposition）として並置するか，der Student als Japaner のように als を前に置くか，あるいは，der japanische Student のように名詞を形容詞化して言う．

現在分詞 seiend が用いられるのは，sein が**結合価1価の動詞**として「存在する」を意味する場合である．この seiend は特殊ではなく，特に名詞化した形でよく用いられる．

(1) Im weitesten Sinne nennen wir „Ding" alles, was überhaupt in irgendeiner Weise ist, also jedes **Seiende**. (Frankfurter Rundschau, 19. 11. 1997, IDS)（最も広い意味で我々が「もの」と呼ぶのは，とにかく何らかの様態で存在するすべて，つまり一切の**存在物**である．）

なお，前置詞句とともに付加語的に名詞を修飾して，der im Zimmer **seiende** Tisch「部屋に**ある**机」と言うことはない．その意味を表すためには前置詞句を名詞付加的（adnominal）に用いて der Tisch im Zimmer と言う．また，「あそこにある本」は das dort **seiende** Buch ではなく，das Buch dort と言う．

C) habend

haben の現在分詞 habend が用いられることは多くない．ただし，次のような例は見られる．

(1) der heute in Deutschland herrschende oder doch Gewalt **habende** Geist (Mann)（今日ドイツで支配的な，というより強制力を**持つ**精神）

(2) gegen in Schweden einen ständigen Wohnsitz **habende** Personen (Jeschek, IDS)（スウェーデンに定住所を**持つ**人々に対して）

(3) der genau dies zur Folge **habende** Vorschlag des Bundesjustizministeriums (Frankfurter Rundschau, 07. 12. 1998, IDS)（まさにこのことを結果として**伴う**，連邦司法省の提案）

2. 分　　詞

　一方，teil**haben**「関与する」のようにhabenを基礎動詞とする分離動詞から現在分詞が作られることはめずらしくない．

　　(4) alle an ihm **Teilhabenden** (Bergengruen)(そのこと[幽霊騒動]に関わるすべての者たち)

　そのような分離動詞の現在分詞には，wach**habend**「当直の」, wohlha-bend「裕福な」のように形容詞として定着しているものもある．

　diensthabend/Dienst habend「勤務中の，当直の」のように，もともと結合して書いていたものが，正書法改定によって分かち書きも可能になった場合もある．

　　(5) In der übrigen Zeit ist der **Dienst habende** Zahnarzt nur in drin-
　　genden Fällen telefonisch erreichbar.（ほかの時間は，当直の歯科医には
　　緊急の場合に限り電話で連絡を取ることができる．)

　なお，「AをもつB」は，B mit Aのように前置詞mitで表す（例：ein Mann **mit** schwarzem Haar「黒髪の男」)．habendを使ってein schwarzes Haar **habender** Mannとは言わない．

D) 話法の助動詞の現在分詞

　話法の助動詞のうちwollenは，不定詞+wollend の形で人以外のものを修飾し，多くの場合nichtを伴って「～しそうにない」を表す．

　　(1) Er löste eine *nicht* enden **wollende** Diskussion aus.（彼は終わりそ
　　うにない議論を巻き起こした．)

　　(2) Deshalb sollte jede *nicht* heilen **wollende** Wunde dem Arzt ge-
　　zeigt werden, wie klein sie auch sein mag.（それゆえ，それがどんなに小
　　さなものであっても，治りそうにない傷はすべて医師に見せる方がよい．)

　wollen以外の話法の助動詞が現在分詞の形で用いられることは極めて少ないが，次のような例はある．

　　(3) Es ist zutiefst erschütternd, wie wenig so ein unschuldiges, sich
　　nicht wehren **könnendes** Kind unserer Gesellschaft wert ist. (Kleine
　　Zeitung, 11. 09. 1997, IDS)（そのような無邪気な，身を守ることができない子
　　供が我々の社会でいかに大切にされていないかということは，非常に深い衝
　　撃を与える．)

　　(4) Sie sind zwar unverändert auf das Allgemeinwohl vereidigt, arbei-

ten aber jetzt in profitabel sein **sollenden** Aktiengesellschaften […], in denen der Staat noch die Aktienmehrheit hat.（Frankfurter Rundschau, 27. 10. 1999, IDS）（彼ら［かつての鉄道や郵便関係の公務員］は確かに宣誓によって相変わらず公共の福祉に奉仕する義務を負っているが，しかし現在は，株の大半を依然国家が所有しているとは言え，利益を上げるべき株式会社に勤めている．）

（5）Bis zur Tat hatte sich niemand vorstellen können, dass ein sich im Staatsexamen befindender（und sich der strafrechtlichen Folgen bewusst sein **müssender**）Jura-Student […] sich […] zu dem erpresserischen Menschenraub und heimtückischen Mord hinreißen lassen könnte.（Mannheimer Morgen, 08. 04. 2003, IDS）（国家試験の最中にある（そして刑法上の結果を知っている**に違いない**）法学生が恐喝的な略取誘拐および卑劣な殺人を思わずしてしまおうとは，犯行が行われるまで誰も想像できなかった．）

2.2.3. 述語的に用いられた現在分詞

　分詞の述語的用法とは，X ＝ Y「XはYである」を表す文において，分詞がYの位置を占める場合を指す．具体的には，sein「～である」，werden「～になる」，bleiben「～であり続ける」等の連結動詞kopulatives Verb（→ ドイツ語文法シリーズ第1巻『ドイツ語文法研究概論』1.1.4.）の補足語となる用法である．

　かつては現在分詞がseinなどの連結動詞とともに用いられることは広く行われていたが，現代ではそれは現在分詞が**時間を超えた属性**を表す場合に限られる．sein＋現在分詞は英語のbe＋現在分詞のような進行形ではない．属性を表す現在分詞の多くは形容詞として定着している（→ 2.2.7.）.

　（1）Das Mädchen *ist* **reizend**.（その少女は**魅力的だ**．）

　（2）Trotz des gelungenen Auftakts *bleibt* er **zurückhaltend**.（出だしがうまくいったにもかかわらず彼は**慎重であり続ける**．）

　（3）Das Argument *scheint* **einleuchtend**.（その論拠は説得力があるように見える．）

　（4）Im Westen war seit Anfang der 80er Jahre ein Wirtschaftsliberalismus **herrschend** *geworden*.（西側では80年代初頭から経済自由主義が支

2. 分　　詞

配的になっていた．)

　現在分詞が形容詞として定着していなくとも，時間を超えた属性を表す場合には述語的用法が可能である．4格目的語が省略された他動詞の現在分詞（いわゆる他動詞の絶対的用法）は属性を表すことが多く，述語的に用いられることがある（→ 2.2.5.）．

　(5) [...] hatte er sich hier eine Nacht lang in den Bierpfützen gewälzt, deren Geruch jetzt **betäubend** *war*. (Kafka)（彼はここで一晩中ビールの水たまりの中で転げ回ったのだ．その匂いは今頭をぼうっとさせるものであった．)

　(6) Die Wirtin [...] *war* **erschreckend**, wie sie jetzt aufrechter dasaß, die Beine auseinandergestellt, die mächtigen Knie vorgetrieben durch den dünnen Rock. (Kafka)（お内儀が今背すじをさらに正して，脚を開き，たくましい膝を薄いスカートごしに突き出して座っている様は，**見る者の肝をつぶすものであった．**)

　(7) [...] dieser törichte Eigensinn *war* erst recht **entwaffnend**. (Musil)（この愚かな意固地はまさに**人の気力を萎えさせるものであった．**)

　(8) Alt werden, heißt **sehend** *werden*. (Ebner-Eschenbach)（年を取るということはものが見えるようになるということである．)

　4格目的語以外の補足語が省略された場合も時間を超えた属性を表すことがある．例えば，動詞 lauern「待ち伏せする」は通常，auf + 4格を補足語として取る動詞であるが，その補足語が省略されると，具体的に「何を」待ち伏せするのか表現されず，属性を表すことになり，sein + 現在分詞の形が可能になる．

　(9) Er mußte zäh und **lauernd** *sein*. (Musil)（彼は根気強く，かつ，**陰険**であらねばならなかった．)

　特殊な例として，sein の現在分詞を使った ist seiend という形もある．この seiend は，名詞化して用いられる seiend と同様，「存在する」を意味する（→ 2.2.2.3. のB））．

　(10) [...] sie *sind* zeitlos und wahrhaft **seiend**, nicht werdend und untergehend, wie ihre hinfälligen Nachbilder. (Mann)（それら［イデア］は時間を超え，真に**存在している**のであり，その脆い模像のように生成・消滅するものではない．)

他動詞が絶対的用法で用いられた場合，定動詞の形でも属性を表すことができるので，sein＋現在分詞と定動詞がほとんど同じ意味を表すことがある．

(11) Die Nachtarbeit *ist* **anstrengend**.（夜の仕事は**疲れる**．）

= Die Nachtarbeit **strengt an**.

sehen「見る」のような知覚・感覚動詞においては，形容詞が4格目的語についての様態の補足語（→ ドイツ語文法シリーズ第1巻『ドイツ語文法研究概論』1.1.4.）として用いられる．そこではX（4格目的語）＝ Y（形容詞）が成り立つので，述語的用法に含めることができる．かつては現在分詞が形容詞の位置で用いられることも多かったが，現代では不定詞が用いられ，現在分詞は用いられない（→ 1.2.4.）．一方過去分詞は現代でもこの用法で用いられる（→ 2.3.3.のB））．

知覚・感覚動詞において現在分詞が補足語として用いられない中で，findenは例外的に現在分詞を伴うことができる．

(13) Man kann das **beunruhigend**, **erheiternd** oder **bestürzend** *finden*, aber man kann daran nicht vorübergehen.（Alewyn）（人はそれを**不安なもの**，**楽しいもの**，あるいは**ショッキングなもの**と思うかもしれないが，しかしそれを無視することはできない．）

2.2.4. 副詞的に用いられた現在分詞

現在分詞の副詞的用法は，形容詞の副詞的用法（→ ドイツ語文法シリーズ第2巻『名詞・代名詞・形容詞』2.4.2.2.）と同じく，述語動詞を規定する場合と形容詞や副詞を規定する場合の二つに分けられる．

A） 述語動詞を規定する場合

副詞的に用いられた現在分詞は，文の述語動詞が表す事態を規定する働きをする．

(1) Die Bauernmädchen kamen **singend** über die Felder.（Musil）（農家の娘たちが**歌いながら**野を越えて来た．）

(2) [...] das Hündlein kroch ihm nach, das Kreuz war gebrochen, trotzdem schob es sich seinem Herrn nach wie eine Schlange, **einknickend**. Er blieb endlich stehen, da heftete das Hündlein einen Blick auf ihn

und verschied **wedelnd**. (Hofmannsthal)（小犬は這って彼のあとを追った．背骨は折れていた．それでも小犬は自分の主人に蛇のように，くずおれながら，にじり寄った．彼はついに立ち止まった．そこで小犬は視線をじっと彼に向け，**尾を振りながらこときれた．**）

このような分詞は副詞的分詞構文（→ 2.9.2.）と同じような働きをしているが，分詞が単独で動詞や文にかかるだけであって，一つの文と同等と見なされるほど複雑な構造をしていない場合は，分詞構文とは呼ばずに，単に副詞的に用いられていると言う．

B) 形容詞や副詞を規定する場合

現在分詞は形容詞や副詞が表す状態の程度を表す程度副詞としても用いられる．

(3) [...] daß er einem jungen Menschen **empörend** *gering* erscheinen mußte [...] (Musil)（それ［金額］が若い人間には**腹立たしいほど少ない**と思われずにはいられなかったこと）

2.2.4.1. 副詞化した現在分詞

現在分詞の中には，selbstredend「言うまでもなく」のように，副詞としてしか用いられないものもある．また，-s をつけて副詞化されたことを明示している場合もある．

durchgehend**s**「ぶっ通しで」
eilend**s**「急いで」
zusehend**s**「見る見るうちに」

2.2.5. 現在分詞が伴うことができる文肢

現在分詞はもとになる動詞の持つ結合価にしたがって補足語を伴うことができる．例えばzufliegen「飛んでいく」は人の3格を補足語として「ある人の所に飛んでいく」を表すので，次のように現在分詞zufliegendに人の3格を伴うことができる．

(1) Auch mit aufgerissenem Mund versuchte Müller, den *ihm* **zufliegenden** Zucker aufzufangen.（Kästner）（開けた口でもミュラーは**自分のところに飛んでくる**砂糖を受け取ろうとした．）

同様に，4格目的語を補足語とする他動詞から現在分詞が作られる場合，4格目的語を伴うことができる．

(2) der Schutzmann mit den festen, *das Chaos* **regelnden** Gebärden (Musil)（混沌を律する確固とした身振りの警官）

(3) die an große Entfernungen gewöhnten und *Mühseligkeiten* **liebenden** Gebirgsbewohner (Stifter)（遠距離に慣れ，苦労を厭わない山地居住者）

(4) ein sinnloses, *Hilfe* **suchendes** Wort (Musil)（意味をなさぬ，救いを求める言葉）

ただし，分詞句がzu不定詞やdass文を補足語として取るような複雑な構造は避けられる．

der die Operation des Kranken **empfehlende** Arzt（病人の手術を勧める医者）

*der den Kranken *zu operieren* **empfehlende** Arzt（病人を手術することを勧める医者）

*der, *dass der Kranke operiert wird*, **empfehlende** Arzt（病人が手術を受けることを勧める医者）

他動詞の現在分詞が伴うはずの4格目的語が「一般的な人」である場合，その目的語は省略され，時間を超えた属性を表す（→ 2.2.3./2.2.7.）．

(5) der ganze **berauschende** Reiz unbekannter Abenteuer (Musil)（未知の冒険が持つ，人を陶酔させる全魅力）

(6) Redenkönnen war nicht ein Mittel der Gedanken, sondern ein Kapital, ein **imponierender** Schmuck [...]. (Musil)（話す能力とは，思考の手段ではなく，資本であり，人を威圧する飾りであった．）

省略される目的語が4格でない場合もある．例えば，einflößen は，人の3格 + Achtung（4格）を補足語として，「ある人に尊敬の念を起こさせる」を意味するが，そのAchtungと結合して複合語（→ 2.2.6.）の現在分詞achtungeinflößendを形成する際には，「一般的な人」を表す3格が省略され，「人に尊敬の念を起こさせる」を表す．

(7) eine so kluge, *achtung***einflößende** Frau (Kafka)（たいへん聡明な，人に尊敬の念を起こさせる女性）

他動詞の絶対的用法で省略される目的語が「人」ではない場合もある.

(8) Selbstverständnis des **schaffenden** Künstlers (Gadamer)（創造する芸術家の自己理解）

(9) Man kann ein kubistisches Bild oder ein Bild der Gegenstandslosen nicht mehr uno intuitu, mit einem lediglich **aufnehmenden** Blick, sehen.（Gadamer）（キュビスムの絵および抽象派の絵は，一つの直観によって［uno intuituラテン語］，つまり単に受け入れるだけの目によってはもはや見ることができない.）

4格の再帰代名詞を伴う再帰動詞において再帰代名詞は形式的には4格目的語であるが，再帰動詞が現在分詞になる場合決して省略されない.

(10) in einer *sich* **industrialisierenden** und **kommerzialisierenden** Gesellschaft（Gadamer）（工業化され，商業化される社会の中に）

再帰代名詞を省略すると，不特定の「人」を表す目的語が省略されていると解され，意味が変わる．もし(10)でsichを省略すると，「人々を工業化し，商業化する社会」を意味する．

2.2.6. 現在分詞を基礎語とする複合語

現在分詞は副詞を伴うことができる．

(1) der *unendlich* **dauernde** Sommer（Stifter）（延々と続く夏）

(2) Die Türen waren rötlich braun und voll *still* **spiegelnder** Lichter.（Musil）（ドアは赤みを帯びた褐色で，静かに反射する光に満ちていた．）

現在分詞はそのような副詞と結びついて複合語（→ ドイツ語文法シリーズ第7巻『語彙・造語』7.2.1.2.1.）を作ることがある（例：*still***schweigend**「暗黙のうちに」）．このような複合語は形容詞として定着していることが多い．

(3) der *darauf***folgende** Tag（Stifter）（その翌日）

(4) Die Kinder nahmen die Kleider noch fester, um das *immer***währende** allseitige Hineinrieseln abzuhalten.（Stifter）（四方から音を立てて降り込む絶え間ない雪を防ぐために子供たちは衣服をつかんでもっときつく身をくるんだ．）

(5) Dieser Unterschied hat aber *weit***gehende** Folgen.（Alewyn）（しかしこの違いは広範囲にわたる結果を伴う．）

なお，上に挙げたdarauffolgend, immerwährend, weitgehendは新正書法

ではdarauf folgend, immer während, weit gehendのように分かち書きが可能である.

　現在分詞は，2.2.5.で述べたように，もとになった動詞の補足語を伴うことができる．その場合，4格目的語は，die *das Chaos* **regelnden** Gebärden「混沌を律する身振り」のように，切り離して現在分詞の前に置く場合もあるが，一語の複合語として扱われる場合もある．後者の場合，4格目的語の冠詞類は省略される．

　　　*kopf*schüttelnd「頭を横に振って」　　　*grund*legend「基礎をなす」
　　　*herz*erquickend「心踊らせる」
　　　*ruhe*störender Lärm「平安を乱す騒音」
　　　in einem *atem*beraubenden Tempo「息をのむテンポで」

この種の複合語は，すでに形容詞として定着している場合も多いが，文脈に応じて自由に作られることもある．

　(6) Ja, aber war es möglich, dieses *möbel*erschütternde Läuten ruhig zu verschlafen?（Kafka）（そうだ，しかしあの**家具を揺るがす**音を安々と眠って聞き逃すことがありえたか？）

　(7) [...] es entstand [...] ein Wirrwarr von *bahnen*ziehenden Mittelpunkten, um deren jeden ein Kreis von Weltgefallen und Selbstvertrauen lag.（Musil）（**軌道を描く**中心点が入り乱れ，その点一つ一つのまわりに世界の好意と自信の円が生じた．）

　4格の名詞が規定語として現在分詞に結びつき複合語を作る場合，4格名詞と現在分詞のあいだに接合要素（→ ドイツ語文法シリーズ第7巻『語彙・造語』7.2.2.1.6.）が挟まれることがある．接合要素は，その名詞が規定語となって複合語を作るときに挿入される接合要素と同じである．例えば，Flöte「笛」はFlöte + Bläser → Flötenbläser「笛吹き」のように-n-を挟んで複合語を作るので，現在分詞の複合語においても-n-を挟む．

　(8) [...] der Chef spielte eine kleine Flöte oder Schalmei mit der einen Hand und schlug mit der andern eine kleine Trommel, die am Arm der *flöten*spielenden Hand befestigt war.（Bichsel）（リーダーは小さなフルートあるいはシャルマイ〔木管楽器の一種〕を片手で演奏し，もう一方の手で小さな太鼓を叩いた．その太鼓は**フルートを演奏する**手の方の腕に固定されていた．）

2. 分　　詞

ほかに leben<u>s</u>erhaltende Maßnahmen「生命維持のための処置」, vertrau-en<u>s</u>bildende Maßnahmen「信頼関係を作る処置」等のように -s- を挟む場合もある.

一方, 接合要素なしに複合語が作られる場合もある. この場合は, 結びつく名詞の自律的意味が強いため, たとえ固定した組合せであっても新正書法で分かち書きされることがある. すなわち, 旧正書法の vertrauenerweckend「信頼心を起こさせる」は新正書法では Vertrauen erweckend/vertrauenerweckend の両方が可能である. 同様の動詞としては次のようなものがある.

　　Zeit raubend/zeitraubend「時間のかかる」
　　Erfolg versprechend/erfolgversprechend「成功を約束する」
　　Furcht einflößend/furchteinflößend「恐怖を催させる」
　　Mitleid erregend/mitleiderregend「哀れを催させる」

ただし, ein **großes** Vertrauen erweckender Verkäufer「多大の信頼を抱かせる販売員」のように名詞の付加語を伴う場合は必ず分かち書きされ, ein vertrauenerweckend**er**er Verkäufer「もっと信頼を抱かせる販売員」のように比較変化する場合は必ず一語に書かれる. また, 次のように程度を表す副詞が現在分詞にかかる場合も一語で書かれる.

　(9) Nach Dunkelwerden stieg er nun einige Male hinauf [...]. Er verlegte diese ja nicht *sehr* **zeitraubenden** Gänge in die späten Abend- und frühen Nachtstunden. (Bergengruen)（暗くなったあと彼は何度か上にのぼった. 彼は**あまり時間をとらない**この往来を, 晩の遅い時間や夜更けになりかけの時間帯に変更した.）

また, 文脈によって複合語の構成素が分離できない場合がある.

　(10) [...] ein Nachthäubchen aus zartem Spitzengewebe [...] machte die Verfallenheit des Gesichtes *mitleid***erregend**. (Kafka)（細かなレース編みのナイトキャップが顔のやつれを哀れなものにしていた.）

mitleiderregend は新正書法では Mitleid erregend と分かち書きが可能であるが, (10) で分かち書きすると, 文の定動詞 machen が二つの4格目的語（die Verfallenheit と Mitleid）と述語形容詞として働く現在分詞（erregend）を伴うことになり, 構造的に非文法的になる.

あまり例は多くないが, *dem*entsprechend「それに応じた」, *zweck*ent-

— 105 —

sprechend「目的に応じた」のように，3格の補足語を伴った複合語や，*chrom*blitzend「クロムメッキで輝く」，*freude*strahlend「喜びに輝く」のように規定語となる名詞が原因を表す複合語も存在する．これらは複合形容詞の造語法に準ずる（→ ドイツ語文法シリーズ第7巻『語彙・造語』7.2.3.1.1.）．

　副詞＋現在分詞からなる複合語の比較級，最上級の形については，分詞の比較表現2.7.を参照．

2.2.7. 純粋な形容詞と見なされる現在分詞

　分詞は文中で形容詞と同じような働きをするものであり，はじめから形容詞的性格を帯びている．しかし，中には形容詞として定着し，分詞と呼ぶよりは形容詞と呼ぶべき現在分詞が存在する．

A) もとになる動詞に還元できない現在分詞

　anscheinend「外見上の」は動詞anscheinenに還元できないので純粋な形容詞である．もとになる動詞anscheinenは，かつては「～に見える」を意味し，そこからanscheinend「外見上の」が生まれたが，現代ドイツ語のanscheinenには「照らす」という他動詞の意味しかない．

　　　ein **anscheinender** Widerspruch（外見上の矛盾）
　　　　→ *Der Widerspruch scheint an.

　anscheinendは，もとになる動詞が現在分詞の表す意味を失った例であるが，現在分詞の意味がもとの動詞の意味から離れて形容詞となっている場合もある．

　　　sprechend（表情豊かな，意味ありげな，明白な＜ものを言う）

　特に他動詞の現在分詞が4格目的語を伴わない場合，もとの動詞の意味から離れ形容詞になっていることがある．

　　　ein **bedeutendes** Ereignis（重大な出来事）→ *Das Ereignis bedeutet.
　　　umfassende Kenntnisse（包括的な知識）→ *Die Kenntnisse umfassen.

　ほかに，einliegend「同封の」は，実際の言語使用上もはや現在分詞の形でしか用いられないので一つの形容詞である．

　また，rückblickend「回顧的な」，rückwirkend「遡及的な」等，rück-を前綴りとする現在分詞も，もとになっている動詞のrückblicken, rückwirkenが使われなくなっており（現在では**zu**rückblicken, **zu**rückwirkenという形で

— 106 —

2. 分　　詞

しか用いられない），もとの動詞へ還元できないので形容詞である．

B) 超時間的な属性を表す現在分詞

　4格目的語を伴わない他動詞の現在分詞は，もとの動詞の意味から離れていなくても，時間を超えた属性を表し（→ 2.2.5.），形容詞化していることがある．

　　　quälend（つらい）< quälen（苦しめる）
　　　faszinierend（魅力的な）< faszinieren（魅了する）
　　　rührend（感動的な）< rühren（心を打つ）
　　　reizend（魅力的な）< reizen（心をそそる）
　　　entscheidend（決定的な）< entscheiden（決定する）
　　　überzeugend（説得力のある）< überzeugen（納得させる）

　これらの現在分詞はもとの動詞に還元可能である．

　　　das **überzeugende** Argument（説得力のある論拠）
　　　　→ Das Argument überzeugt.（その論拠は人を納得させる．）

　4格目的語を省略した他動詞の現在分詞の中には，**bildende** Kunst「造形芸術」におけるbildendのように，Kunstのような特定の名詞の付加語となる場合に限って形容詞として定着しているものもある．

　属性を表し，形容詞として定着している現在分詞の中には，目的語を省略した他動詞からだけではなく，自動詞から作られたものもある．

　　　eine **schleichende** Krankheit（**潜行性**の疾患）

C) その他

　形容詞として定着している現在分詞には，その意味がもとの動詞の意味から離れているのでもなければ，属性を表すのでもないものもある．

　　　entsprechend（相応の）< entsprechen（相応する）
　　　folgend（次の）< folgen（あとに続く）
　　　überwiegend（支配的な）< überwiegen（優勢である）

確かに結合価（Valenz）という点では，entsprechenおよびfolgenは3格の補足語を必要とするのに対し，現在分詞のentsprechendおよびfolgendはそれを必要としないという違いがあるが，überwiegenとüberwiegendのあいだにはそのような違いも認められない．このような現在分詞は，現在分詞としての使用頻度が高いという理由で形容詞になったと言ってよい．

なお，現在分詞が複合語（→ 2.2.6.）の形で形容詞として定着している場合もある．
 immerwährend（永続的な）< immer währen（いつまでも続く）
 nichtsbedeutend（意味のない）< nichts bedeuten（何も意味しない）
 nichtssagend（意味のない）< nichts sagen（何も言わない）
 lebensbedrohend（命を脅かす）< Leben bedrohen（命を脅かす）
 kopfschüttelnd（頭を横に振って）< Kopf schütteln（頭を横に振る）
 immerwähren, nichtsbedeuten, nichtssagen, lebensbedrohen, kopfschütteln等の複合動詞は存在しないことに注意されたい．なお，kopfschüttelndは形容詞とは言ってもほとんど副詞的にしか用いられない．また，immerwährend, nichtsbedeutend, nichtssagendはimmer während, nichts bedeutend, nichts sagendのように現在の正書法では分かち書きすることもできる．

2.3. 過去分詞

2.3.1. 過去分詞の形態

 過去分詞の作り方は，弱変化動詞，強変化動詞，混合変化動詞（→ ドイツ語文法シリーズ第1巻『ドイツ語文法研究概論』1.2.15.2.）で異なる．

A) 弱変化動詞の過去分詞は，語幹にge-と-tを付加して作られる．
 sagen（言う）: gesagt < ge- + sag- + -t
B) 強変化動詞の過去分詞は，母音交替（Ablaut）した語幹にge-と-enを付加して作られる．
 werfen（投げる）: geworfen < ge- + worf- + -en
 具体的な母音交替の型については → ドイツ語文法シリーズ第1巻『ドイツ語文法研究概論』1.2.15.3.／同第1巻第Ⅲ部表42-52.
C) 混合変化動詞の過去分詞は，幹母音をe → aに変化させ，その語幹にge-と-tを付加して作られる．
 kennen（知っている）: gekannt < ge- + kann- + -t
bringen, wissenについては → 2.3.1.2のC)．

2. 分　　詞

2.3.1.1.　ge- がつかない過去分詞
第1音節にアクセントのない動詞は過去分詞に ge- がつかない．

A）非分離動詞
　　　begínnen（始める，始まる）: begonnen
　　　verlétzen（傷つける）: verletzt
　　　übersétzen（翻訳する）: übersetzt
　　　（ただし über|setzen（船で渡す）: übergesetzt）
B）-ieren で終わる外来語系の動詞
　　　studíeren（研究する）: studiert
　　　interessíeren（興味を引く）: interessiert
C）第1音節にアクセントのない外来語系の特殊な動詞
　　　posáunen（ラッパを吹く）: posaunt
　　　prophezéien（予言する）: prophezeit

　第1音節にアクセントがなければ過去分詞に ge- がつかないが，逆に第1音節にアクセントがあれば必ず ge- がつくとは言えない．上に挙げた動詞に分離前綴りのついた分離動詞では，第1音節の分離前綴りにアクセントが置かれるが，過去分詞に ge- がつかない．
　　　áus|bezahlen（支払う）: ausbezahlt
　　　éin|studieren（教え込む）: einstudiert
　zurúck-, zusámmen- 等は第2音節にアクセントがあるが，分離前綴りであるので，それを前綴りとする動詞では第1音節にアクセントがないが，過去分詞に ge- がつく．
　　　zurúckkommen（帰って来る）: zurückgekommen
　　　zusámmenfassen（要約する）: zusammengefasst
　同様の前綴りとしては他に heráus-, hinzú-, vorán 等がある．

2.3.1.2.　過去分詞の作り方に関する注意
A）　弱変化動詞の中で不定詞の語幹が -d, -t で終わるものは語幹のあとに -et が付加される．
　　　gründen（創立する）: gegründet ＜ ge- + gründ- + -et

不定詞・分詞

retten（救う）: gerettet < ge- + rett- + -et
　語幹が-dm-, -tm-, -bn-, -dn-, -gn-, -ffn-, -ppn-, -chn-で終わる場合も-etを付加する．

　　widmen（捧げる）: gewidmet　　　　atmen（呼吸する）: geatmet
　　ebnen（平らにする）: geebnet　　　ordnen（整える）: geordnet
　　regnen（雨が降る）: geregnet　　　öffnen（開く）: geöffnet
　　wappnen（武装させる）: gewappnet　rechnen（計算する）: gerechnet

B) 強変化動詞の中で，語幹が-d-で終わり，母音交替で長母音もしくは複母音が短母音になる場合，-d- > -tt-となる（いわゆる文法的交替grammatischer Wechsel）．

　　leiden（苦しむ）: gelitten　　　　schneiden（切る）: geschnitten
　　sieden（煮立つ，煮立てる）: gesotten

　また，不定詞の語幹が-h-で終わる場合，-h- > -g-となる（文法的交替）．

　　ziehen「引く／動いていく」: gezogen

　また，文法的交替ではないが，sitzen「坐っている」: gesessenのような動詞もある．
　essen「食べる」の過去分詞は，語幹の前にgを挿入してgegessenとなる．
　gehen「行く」の過去分詞はgegangen, stehen「立っている」はgestanden, tun「する」はgetanである．
　seinの過去分詞としては，かつてはgewest, geseit, gesein等さまざまな形が用いられたが，現代標準ドイツ語ではgewesenである．
　habenの過去分詞は一般的な弱変化動詞の場合と同様，gehabtである．

C) 語幹が-d-で終わる動詞のうち，弱変化動詞では語幹のあとに-etが付加されるが（例: gründen: gegründet），混合変化動詞のsenden, wendenでは-tを付加してgesandt, gewandtになる．さらに，senden, wendenには規則変化（弱変化）の過去分詞形gesendet, gewendetがある（規則変化と混合変化で意味が異なる場合があるので注意）．
　混合変化動詞の中には，子音の変化を伴うものがある．

　　bringen「持ってくる」: gebracht　　denken「考える」: gedacht
　bringen: gebrachtにおいて幹母音の変化は i → a, wissen「知ってい

2. 分　　詞

る」: gewusst においては i → u である（他の混合変化動詞では e → a）．

D)　話法の助動詞の過去分詞は本動詞として用いられる場合は können: gekonnt のように変化するが，助動詞として用いられる場合は können: können のように不定詞と同形である (→ 1.2.9.)．

E)　強変化と弱変化が併用される動詞がある．歴史的には強変化から弱変化に移る傾向があると言われるが，意味によって区別される場合もあるので注意が必要である．
　　schaffen「創造する」: geschaffen　　schaffen「成し遂げる」: geschafft

F)　mahlen「粉をひく」の過去形は弱変化の mahlte であるのに，過去分詞は強変化の gemahlen である．backen「（パンなどを）焼く」の過去形は backte, buk の 2 形あったが，現代では多くの場合弱変化の backte が用いられるのに，過去分詞は強変化の gebacken のみである．

G)　分離動詞では基礎動詞の過去分詞の前に分離前綴りが置かれる．例えば ausgehen「外出する」では，基礎動詞 gehen の過去分詞 gegangen の前に分離前綴り aus- が置かれ，ausgegangen となる．基礎動詞が弱変化である場合も同様である（例：einkaufen「買い物をする」: eingekauft）．前綴りと基礎動詞を分けて書くことはない．ただし，旧正書法では分離動詞として結合して書き，新正書法で前綴りと基礎動詞を分けて書く動詞では，過去分詞も分けて書く．
　　（旧）spazierengehen「散歩する」: spazierengegangen
　　　－（新）spazieren gehen: spazieren gegangen
　　（旧）radfahren「自転車に乗って行く」: radgefahren
　　　－（新）Rad fahren: Rad gefahren
　新正書法で結合書きと分かち書きの両方が可能な動詞は，過去分詞も両方の書き方ができる．
　　（旧）kennenlernen「知る」: kennengelernt
　　　－（新）kennen lernen: kennen gelernt/kennenlernen: kennengelernt

新正書法で分かち書きされ，過去分詞で分かち書きと結合書きの両方が可能な動詞もある．
　　（旧）gefangennehmen「捕まえる」：gefangengenommen
　　－（新）gefangen nehmen: gefangen genommen/gefangengenommen

名詞から派生した動詞のántworten「答える」＜ Ántwort「答え」，frühstücken「朝食をとる」＜ Frühstück「朝食」等は分離動詞のように第1音節にアクセントが置かれるが，分離動詞ではないので，ant**ge**wortet, früh**ge**stückt とはならず，**ge**antwortet, **ge**frühstückt となる．

2.3.2. 付加語的に用いられた過去分詞

　名詞の付加語として用いられた自動詞の過去分詞は，能動の意味を持ち，「〜した」という過去の事態を表す．他動詞の過去分詞は，受動の意味を持ち，多くの場合は「〜された」という過去に起きた事態を表し，場合によっては「〜されている」という現在継続する事態や「〜される」という未来もしくは時間を超えた事態を表す（再帰動詞の過去分詞については→ 2.3.2.2.）．

　過去分詞を付加語的に用いることができる動詞の多くは状態の変化を表す．その過去分詞は，変化が完了したあとに結果として残る状態を表す．（変化が起こるのは過去のことであるが，変化完了後の状態が残るのは現在のことである．その意味で過去分詞は過去と現在の両方を表す．）

A） 状態の変化を表す自動詞の過去分詞は能動の意味を持ち，過去に変化が完了したあとに残る現在の状態を表す．
　　ein **gestorbener** Hund（死んだ犬）（＜ sterben「死ぬ」）
　　die **untergegangene** Sonne（沈んだ太陽）（＜ untergehen「沈む」）

B） 状態の変化を表す他動詞の過去分詞は受動の意味を持ち，過去に変化が完了したあとに残る現在の状態を表す．
　　die **geöffnete** Tür（開かれたドア）（＜ öffnen「開く」）
　　ein **gebundenes** Buch（製本された本）（＜ binden「製本する」）

　上のA），B）に示したように，自動詞の過去分詞は能動の意味を表し，

2. 分　　詞

　他動詞の過去分詞は受動の意味を表すという点では異なるが，どちらも変化が完了したあとの状態を表すという点では同じである．例えば，自動詞のsterben「死ぬ」と他動詞のtöten「殺す」はどちらも，あるものが「生きている」状態から「死んでいる」状態に変化することを意味する．そして，それぞれの過去分詞gestorbenとgetötetはどちらも「死んでいる」状態にあることを意味する．このように，変化が完了したあとの状態を表すということが過去分詞の中核にあるのであり，能動と受動の違いは派生的に生じた意味的差異である．

　自動詞としても他動詞としても用いられ，他動詞の目的語が自動詞の主語になる動詞の過去分詞は，能動と受動のどちらの意味を表すのか不明な場合も生じる．例えばbrechenは自動詞として「折れる」，他動詞として「折る」を意味する．その過去分詞gebrochenは変化が完了したあとの「折れた状態の」を表しはするが，自然と「折れた」（能動）のか，外からの力によって「折られた」（受動）のかという違いは表さない．

　過去分詞が表す状態の変化の中には生成や消滅も含まれる．自動詞のwerden「なる」，entstehen「生じる」，verschwinden「消える」や，他動詞の（ein Haus）bauen「（家を）建てる」，（einen Brief）schreiben「（手紙を）書く」，verlieren「失う」等は生成や消滅を表す．例えば，einen Brief schreibenで「手紙」は「書く」という行為の結果生成される．そしてder geschriebene Briefは「書かれた手紙」を意味する．

　付加語的な過去分詞は状態の変化を表さない動詞からも作られる．
C)　時間的に継続する事態を表す他動詞の過去分詞は受動の意味を持ち，事態が継続している状態を表す．過去分詞とは言っても「過去」を表さない．
　　das **geliebte** Kind（愛されている子）（< lieben「愛する」)
　　ein von Pferden **gezogener** Wagen「馬によって引かれている馬車」（< ziehen「引く」)

　一つの動詞がある面から見れば状態の変化を表し，別の面から見れば時間的に継続する事態を表す場合がある．例えば，verkaufen「売る」は金銭によって所有権が移るという点では状態の変化を表すが，人間の活動として持続的な行為を表すこともある．それで過去分詞verkauftは，状態の変化が

完了したあとの「売られた」も，継続する事態としての「売られている」も表すことができる．

　　(1) Bereits **verkaufte** Karten behalten ihre Gültigkeit.（すでに**販売された**券はまだ使える．）

　　(2) Ein Viertel der jetzt **verkauften** Computer ist tragbar.（現在**販売されている**コンピュータの4分の1は持ち運び可能である．）

D)　状態の変化を表さず，瞬間的な事態を表す他動詞の過去分詞は受動の意味を持ち，過去の事態を表す．（状態の変化を表さないので，事態が生じたあとどのような状態にあるのかを過去分詞は表さない．）

　　(3) Der Linienrichter sah den von ihm **geschlagenen** Ball im Out.（線審は彼によって**打たれた**ボールがアウトになったのを見た．）

E)　状態の変化を表さない自動詞の過去分詞の多くは付加語的には用いられないが，sein（> gewesen），bleiben（> geblieben）など特定の動詞の過去分詞は付加語的に用いることができる（→ 2.3.2.1.）．それらは能動の意味を持ち，過去の事態を表す．

　　(4) Bisher technisch oder wirtschaftlich nicht möglich **gewesene** Lösungen sind nun machbar.（これまで技術的もしくは経済的に不可能であった解決策が今や実行可能である．）

　　(5) Der im Auto **gebliebene** Polizist nahm die Verfolgung auf.（車に残った警官は追跡を始めた．）

以上がもとになる動詞の違いによる過去分詞の分類であるが，次のような特殊な場合もある．

F)　状態の変化を表す動詞の過去分詞が単に過去の事態を表し，変化が完了したあとの状態が残っていることを表さない場合がある．

　　(6) Ein paar Tage später tauchte das **verschwundene** Päckchen wieder auf.（Züricher Tagesanzeiger, 28. 12. 1999, IDS）（**消えた**包みは2，3日後に再び現れた．）

　　(7) Da sind alle einst **zerstörten** Brücken wiederaufgebaut.（Die Pres-

2. 分　　詞

se, 19. 06. 1997, IDS)（そこではかつて**破壊された**橋がすべて再建されている．）

G) 継続的な事態を表す他動詞の過去分詞が過去の事態を表す場合がある．
(8) Es ist erschreckend, wie schnell einst **geliebte** Wesen abgeschoben, vergessen und durch neue ersetzt werden. (Salzburger Nachrichten, 23. 12. 1998, IDS)（〔消費社会で〕いかに速く，かつて**好まれていた**ものがすぐに押しのけられ，忘れられ，新しいものに取って代わられるかということは人を愕然とさせる．）

H) 状態の変化を表すか継続的な事態を表すかにかかわらず，他動詞の過去分詞が未来の事態を表す場合がある．
(9) Auch ein deutlicher Anstieg bei den morgen **veröffentlichten** Neubauverkäufen könnte zusätzliche Inflationsängste beflügeln. (Oberösterreichische Nachrichten, 29. 07. 1996, IDS)（明日**公表される**新築物件の販売において明らかな増加が示されれば，それもインフレに対する不安をさらにかきたてることになるかもしれない．）
(10) Da die Prognosen über die Anzahl künftig **gebrauchter** Flugzeuge nach oben revidiert wurde, denkt Boeing nun wieder an Expansion. (Die Presse, 29. 04. 1996, IDS)（将来**使用される**飛行機の数についての予測が上方修正されたのでボーイング社は今やまた拡大を考えている．）

I) 他動詞の過去分詞が時間を越えた一般論的な事態を表す場合がある．
(11) Lachse sind gern **gegessene** Speisefische.（鮭は好んで**食べられる**食用魚である．）
(12) Die **gesprochene** Sprache gilt als typische Fähigkeit des Menschen, mit der er sich vom Tierreich abgrenzt.（**話される言語**［言語を話すということ］は，人間を動物界から分ける典型的な人間の能力と見なされる．）

J) 他動詞の過去分詞が能動の意味を表す場合がある（→ 2.3.2.4.）．
ein **erfahrener** Arzt（**経験豊かな医師**）

2.3.2.1. 過去分詞を付加語的に用いることが可能な動詞

過去分詞を付加語的に用いることが可能な**自動詞**は，sein＋過去分詞の形で完了形を作ることができる．

　　der **gestorbene** Hund（死んだ犬）
　　　　→ Der Hund ist gestorben.（その犬は死んだ．）

sein＋過去分詞の形で完了形を作ることができない自動詞の過去分詞は付加語的に用いられない．

　　A）状態の変化を表さない自動詞：schlafen「眠っている」，wohnen「住んでいる」，blühen「咲いている」等
　　B）3格の名詞を補足語とする自動詞：helfen「助ける」，danken「感謝する」，entsprechen「相応する」等
　　C）2格の名詞を補足語とする自動詞：bedürfen「必要とする」等

過去分詞を付加語的に用いることができる自動詞はすべてseinを助動詞として完了形を作るが，逆にseinを完了形の助動詞とするすべての自動詞の過去分詞が付加語的に用いられるわけではない．例えば，3格の名詞を補足語とするbegegnen「出会う，降りかかる」や4格の名詞を補足語とするloswerden「追い払う」は，sein＋過去分詞の形で完了形を作るが，過去分詞を付加語的に用いることができない．

seinを完了の助動詞とする自動詞の大半は状態の変化を表すが，状態の変化を表さない動詞もある．seinとbleibenはそのような動詞であり，その過去分詞は付加語的に用いられる（→ 2.3.2.のE））．

また，gehen, laufen等の移動を表す自動詞も，前置詞句や副詞などによって到着点や出発点が表示されなければ，「歩く」，「走る」という動作を表す動詞であり，状態の変化を表さない．基本的にこれらの過去分詞を付加語的に用いて，das gegangene Kind, das gelaufene Kindと言うことはない．しかし，副詞など過去分詞を修飾する要素があれば，付加語的に用いられることもある．

　(1) Denen glaube ich genauso wenig wie einem *durch einen Wolkenbruch* **gelaufenen**, aber völlig trockenen Mann, der behauptet, er habe keinen Schirm gehabt.（Frankfurter Rundschau, 10. 11. 1997, IDS）（土砂降りの雨の中を走って，傘を持っていなかったと主張しながら，まったく濡れていない男と同じくらい私は彼らを信じない．）

2. 分　　詞

(2) In Ratzdorf am Zusammenfluß von Oder und Neiße waren die Bürger ebenfalls zum Verlassen der Häuser aufgefordert worden. 50 *über Nacht* **gegangene** Bürger kehrten am Vormittag aber zurück. (Vorarlberger Nachrichten, 24. 07. 1997, IDS)（オーダー川とナイセ川が合流するラッツドルフでも市民は住居退去を命ぜられていた．しかし**夜通し歩いた**50人の市民は午前中には戻った．）

3格の名詞を補足語とするfolgenはsein＋過去分詞の形で完了形を作る動詞であり，過去分詞を付加語的に用いることができる．

(3) Eines der größten Probleme bestehe darin, sagte Khol, daß ihren Eltern nach Österreich **gefolgte** Kinder hier in die Schule gehen und dann nicht arbeiten dürfen. (Kleine Zeitung, 04. 03. 1997, IDS)（最大の問題のうちの一つは，オーストリアへ両親のあとを追って来た子供たちが当地で学校に通いながら，その後働いてはならないことだとコールは言った．）

過去分詞を付加語的に用いることが可能な**他動詞**は，sein＋過去分詞の形で状態受動文を作ることができるか，あるいは，werden＋過去分詞の形で動作受動文を作ることができる．その多くは状態受動文と動作受動文の両方を作ることが可能である．

　　die **geöffnete** Tür（開かれたドア）
　　　→ Die Tür ist geöffnet.（ドアは開いてある．）
　　　→ Die Tür wird geöffnet.（ドアは開かれる．）

状態受動文と動作受動文のどちらか一方しか可能でない他動詞の過去分詞も付加語的に用いることができる．

　　das in Kaffee **enthaltene** Koffein（コーヒーに含まれるカフェイン）
　　　→ Koffein ist in Kaffee enthalten.（カフェインはコーヒーに含まれている．）
　　　→ *Koffein wird in Kaffee enthalten.
　　das **geliebte** Kind（愛されている子供）
　　　→ *Das Kind ist geliebt.
　　　→ Das Kind wird geliebt.（その子供は愛されている．）

同じ動詞でも付加される副詞や前置詞句等によって受動文を作る可能性が

変わることがある．そのことは付加語的な過去分詞にも反映される．
　　(?) die von Peter **besuchte** Hauptstadt（ペーターが訪れた首都）
　　　→ (?) Die Hauptstadt wurde von Peter besucht.（その首都はペーターが訪れた．）
　　ein weites, nur von wenig Menschen **besuchtes** Tal（Kleist）（広い，わずかな人によってのみ**訪れられる**［ほとんど人の来ない］谷）
　　　→ Das weite Tal wird nur von wenigen Menschen besucht.（その広い谷にはわずかな人しか来ない．）

状態受動文も動作受動文も作ることができない他動詞の過去分詞は付加語的に用いられない．
　　例：haben「持っている」，besitzen「所有する」，bekommen「もらう」，wissen「知っている」
ただし，besessen「取り憑かれた」（< besitzen）のように形容詞として定着した過去分詞は付加語的に用いられる（besitzenは古くは「取り憑く」を意味した）．

2.3.2.2. 再帰動詞の過去分詞
　4格の再帰代名詞を義務的に伴う再帰動詞の過去分詞が付加語的に用いられる場合，再帰代名詞は省略される．再帰動詞として使われる動詞は他動詞としても用いられるものが多いので，再帰動詞の過去分詞と他動詞の過去分詞の区別は曖昧なことが多い．例えばgeöffnetは，他動詞 öffnen「開ける」の過去分詞「開けられた」にも，再帰動詞 sich öffnen「開く」の過去分詞「開いた」にもなりうる．
　　die **geöffnete** Tür（開けられたドア）← Er öffnet die Tür.（彼がドアを開ける．）
　　die **geöffnete** Tür（開いたドア）← Die Tür öffnet sich.（ドアが開く．）
　geöffnetは「開いていない」状態から「開いた」状態へ移る変化が完了していることを表し，その変化が外的・内的いずれの働きかけで生じたのかは表さない．
　付加語的用法が可能な再帰動詞の過去分詞は，事態が生じたあとに残る状態を表すsein + 過去分詞の文を作ることができる．そうでない再帰動詞の

2. 分　　詞

過去分詞は付加語的に用いられない.
 die **geöffnete** Tür → Die Tür ist geöffnet.

A)　再帰動詞が人間の心的ないし身体的な状態を表し，その状態が持続的であれば，過去分詞は付加語的に用いられず，sein + 過去分詞の文を作ることもできない.
 *das geschämte Kind ← Das Kind schämt sich. (その子は恥ずかしがっている.)
  → *Das Kind ist geschämt.
 *das geärgerte Kind ← Das Kind ärgert sich. (その子は怒っている.)
  → *Das Kind ist geärgert.
 *das gefreute Kind ← Das Kind freut sich. (その子は喜んでいる.)
  → *Das Kind ist gefreut.
 *das gewunderte Kind ← Das Kind wundert sich. (その子は不思議に思っている.)
  → *Das Kind ist gewundert.
 *das daran erinnerte Kind ← Das Kind erinnert sich daran. (その子はそのことを覚えている.)
  → *Das Kind ist daran erinnert.

なお，schämen は再帰動詞としてしか用いられないが，ärgern, freuen, wundern, erinnern は他動詞としても用いられる．これらの過去分詞が付加語的に用いられないということは，他動詞の過去分詞としても付加語的に用いられないということを意味する．付加語的に用いることができる他動詞の過去分詞は，sein + 過去分詞か werden + 過去分詞のどちらかの文を作ることができなければならないので（→ 2.3.2.1.），これらは werden + 過去分詞の動作受動文も作ることができないということにもなる．

B)　心的ないし身体的な状態を表す再帰動詞が持続的な状態ではなく，状態の変化を表す場合，過去分詞は付加語的に用いられる．
 (1) Der Schuldirektor wird von Anrufen **entrüsteter** Eltern überschwemmt. (校長には**憤慨**した親たちの電話が殺到している.) (< sich entrüsten「憤慨する」)

— 119 —

　　　　　　　　　不定詞・分詞

　　→ Die Eltern sind entrüstet.（親たちは憤慨している.）
　(2) Der **verliebte** Mensch ist immer verletzlich.（恋をした人間はいつも傷つきやすい.）（< sich verlieben「恋する」）
　　→ Der Mensch ist verliebt.（その人間は恋をしている.）
　(3) Der **erkältete** Präsident war geschwächt, aber gut gelaunt.（風邪をひいた大統領は衰弱していたが機嫌がよかった.）（< sich erkälten「風邪を引く」）
　　→ Der Präsident ist erkältet.（大統領は風邪をひいている.）
　(4) Der gut **erholte** Spieler sprintete einem Freistoß entgegen und beförderte die Kugel ins Netz.（すっかり回復した選手はフリーキックに向かってダッシュし，ボールをゴールネットに運んだ.）（< sich erholen「回復する」）
　　→ Der Spieler ist gut erholt.（その選手はすっかり回復している.）
　(5) Dem **betrunkenen** Autofahrer wurde der Führerschein entzogen.（酔っぱらった運転手から免許証が取り上げられた.）（< sich betrinken「酔っぱらう」）
　　→ Der Autofahrer ist betrunken.（運転手は酔っぱらっている.）
　他に，beruhigt「落ち着いた」（< sich beruhigen「落ち着く」），geängstigt「不安になった」（< sich ängstigen「不安になる」）等も付加語的に用いられる.

C)　人間の能動的な活動を表す再帰動詞の過去分詞は付加語的に用いることができる.
　(6) Zu der Veranstaltung ist jeder **interessierte** Bürger eingeladen.（関心のある市民は誰でもその催しに参加できる.）（< sich interessieren「興味を持つ」）
　　→ Jeder Bürger ist interessiert.（どの市民も関心を持っている.）
　(7) Die dort **beschäftigten** Mitarbeiter verloren ihren Arbeitsplatz.（そこで働く協働者たちは職場を失った.）（< sich beschäftigen「働く」）
　　→ Die Mitarbeiter sind dort beschäftigt.（協働者たちはそこで働いている.）
　(8) Die um Nuancen **bemühte** Pianistin garnierte hier mit sehr viel Pedal.（微妙な差異を表現しようと苦心するピアニストはそこでペダルを非

常にたくさん使って装飾的に演奏した.)(< sich bemühen「骨折る」)
→ Die Pianistin ist um Nuancen bemüht.(ピアニストは微妙な差異を表現しようと苦心している.)

過去分詞を付加語的に用いることが可能な再帰動詞の多くは状態の変化を表し,その過去分詞は変化が完了したあとに残る状態を表す.それに対し,(6)-(8)のように時間的に継続する事態を表す再帰動詞の過去分詞は継続的な事態を表す.これは,継続的な事態を表す他動詞の過去分詞が継続的事態を表すのと同じである(→ 2.3.2.のC)).そのような再帰動詞の過去分詞は現在分詞とほとんど同じ意味を表す場合がある.

(9) die mit diesem Thema **beschäftigten** Politiker(このテーマに**取り組んでいる**政治家)
(10) die **sich** mit diesem Thema **beschäftigenden** Politiker(このテーマに**取り組んでいる**政治家)

同様の現象は人間の活動を表す再帰動詞だけではなく,事物の事態を表す再帰動詞においても見られる.

(11) Spät um Mitternacht [...] wurde an dieses Haus hart und heftig angeschlagen [...]. Sie hörte die **wiederholten** Schläge [...]. (Hoffmann)(深夜遅くこの家を強く激しく叩く音がした.彼女はその**繰り返される**ノックの音を聞いた.)
(12) die innere Teilnahme an dieser **sich wiederholenden** Bewegung (Gadamer)(この**繰り返される**運動への内的関与)

2.3.2.3. 過去分詞が表す「時」

2.3.2.および2.3.2.2.で述べたように,過去分詞は過去に生じた事態や現在継続する事態を表すが,そこで言う「過去」や「現在」は文の定動詞が表す時間を基準とする.すなわち,文の定動詞が表す時間から見て「過去」に生じた事態や「現在」継続する事態を表すので,文の定動詞が過去を表す場合,文を発話する時間から見れば,「過去」の事態は「過去の過去」の事態であり,「現在」継続する事態は「過去」に継続する事態である.この時間の相対性は過去分詞を関係代名詞による付加語文に置き換えると明らかになる.

A) 自動詞の過去分詞を付加語文に置き換えると,過去分詞はsein + 過去

分詞の完了形になる．その際，文の定動詞が現在であれば付加語文のsein は現在に（すなわち現在完了に），過去であれば過去に（すなわち過去完了に）なる．

 (1) Die **untergegangene** Sonne *strahlt* am westlichen Himmel.（沈んだ太陽は西の空に光を放っている．）

  → Die Sonne, die **untergegangen ist**, strahlt am westlichen Himmel.

 (2) Die **untergegangene** Sonne *strahlte* am westlichen Himmel.（沈んだ太陽は西の空に光を放っていた．）

  → Die Sonne, die **untergegangen war**, strahlte am westlichen Himmel.

B) 状態の変化を表す他動詞の過去分詞は状態受動のsein + 過去分詞の形に変換され，やはり文の定動詞が現在であれば付加語文のseinは現在に，過去であれば過去になる．

 (3) Der **geschriebene** Brief *liegt* auf dem Tisch.（書かれた手紙は机の上にある．）

  → Der Brief, der **geschrieben ist**, liegt auf dem Tisch.

 (4) Der **geschriebene** Brief *lag* auf dem Tisch.（書かれた手紙は机の上にあった．）

  → Der Brief, der **geschrieben war**, lag auf dem Tisch.

状態の変化を表す他動詞の過去分詞が状態受動（sein + 過去分詞）ではなく，動作受動の完了形（sein + 過去分詞 + worden）に置き換えられる場合もある．

 (5) Der *von der Großmutter* **vorausgesagte** Wind war noch immer nicht gekommen [...]. (Stifter)（祖母によって予見された風は依然として起こっていなかった．）

上の (5) では，過去分詞句に「祖母によって」という動作主を表す表現が含まれている．「～によって」という動作主は動作受動では表すことができるが，状態受動では通常表すことができないので，ここでは動作受動の完了形で置き換えられる．(5) では文の定動詞が過去完了形であり，過去の事態を表すので，置き換えられる付加語文はseinが過去形の過去完了形になる．

 (5') Der Wind, der von der Großmutter **vorausgesehen worden war**,

2. 分　　詞

war noch immer nicht gekommen.

C) 継続的な事態を表す他動詞の過去分詞は動作受動のwerden＋過去分詞に変換され，文の定動詞が現在であればwerdenが現在に，過去であれば過去になる．
  (6) Er *kann* die von ihm **geliebte** Gartenarbeit nicht mehr verrichten.（彼は自分の好きな庭仕事をもはやすることができない．）
    → Er kann die Gartenarbeit, die von ihm **geliebt wird**, nicht mehr verrichten.
  (7) Er *konnte* die von ihm **geliebte** Gartenarbeit nicht mehr verrichten.（彼は自分の好きな庭仕事をもはやすることができなかった．）
    → Er konnte die Gartenarbeit, die von ihm **geliebt wurde**, war nicht mehr verrichten.

　一方，過去分詞の表す時間が文の定動詞の表す時間を基準としない場合もある．

D) 過去分詞が未来を表す場合，過去分詞が表す時間の基準は，文を発話する現在時である．置き換えられる付加語文は，文の定動詞の時称とは関係なく未来形もしくは現在形になる（現在形は未来の事態を表すことができる）．未来を表す過去分詞は他動詞からしか作られず，また，結果として残る状態より状態の変化もしくは継続する事態を表すのが通常なので，変換される付加語文は動作受動のwerden＋過去分詞になる．
  (8) Die Prognosen über die Anzahl künftig **gebrauchter** Flugzeuge wurde nach oben revidiert.（将来使用される飛行機の数についての予測は上方修正された．）
    → Die Prognosen über die Anzahl der Flugzeuge, die künftig **gebraucht werden [werden]**, wurde nach oben revidiert.

E) 過去分詞が時間を超えた一般論を表す場合も，基準となる時間は発話時現在である．付加語文に置き換えると文の定動詞の時称とは無関係に現在形になる．超時間的な一般論を表す過去分詞も他動詞からしか作られず，継

続的な事態を表すのが通常なので，付加語文は動作受動のwerden＋過去分詞である．

　(9) Lachse sind gern **gegessene** Speisefische.（鮭は好んで**食べられる**食用魚である．）

　　→ Lachse sind Speisefische, die gern **gegessen werden**.

F）　特殊な例として，過去分詞が表す事態が文を発話する現在時から見れば過去のことであるが，文の定動詞が表す時間から見れば未来のことになる場合がある．

　(10) Biasini hatte die 1982 in Paris **gestorbene** Romy Schneider geheiratet und sich ein Jahr vor ihrem Tod von ihr scheiden lassen.（Tiroler Tageszeitung, 29. 05. 1998, IDS）（ビアシーニは，1982年にパリで**亡くなった**ロミー・シュナイダーと結婚し，彼女の死の前年に彼女と離婚していた．）

　(11) 1957 gründete sie [Marie Meierhofer] das später nach ihr **benannte** Institut.（Züricher Tagesanzeiger, 17. 08. 1998, IDS）（彼女［マリー・マイアーホーファー］は，のちに彼女に因んで**名づけられた**研究所を1957年に創設した．）

　上の(10)で「ロミー・シュナイダー」が「死ぬ」のは過去の出来事であるが，それは文を発話する現在時から見てのことであり，文の定動詞が表す「結婚する」時点を基準にすれば未来の出来事である．同様に，(11)で「研究所」が「名づけられる」のは，発話時現在から見て過去なのであり，文の定動詞が表す「創設する」時点を基準にすれば未来の出来事である．付加語文に置き換えると，(10)は完了形のsein＋過去分詞，(11)は動作受動のsein＋過去分詞＋wordenになり，文の定動詞の時称とは無関係にそれぞれのseinが現在形になる．すなわち，(10)も(11)も現在完了形である．なお，(11)が状態受動ではなく，動作受動の完了形になるのは，später「のちに」という事態が生じる時点を表す副詞があるためである．

　(10') Biasini hatte Romy Schneider, die 1982 in Paris **gestorben ist**, geheiratet [...].

　(11') 1957 gründete sie das Institut, das später nach ihr **benannt worden ist**.

2. 分　　詞

2.3.2.4. 能動を表す他動詞の過去分詞

　erfahrener Arztは「経験豊富な，熟達した医師」を意味する．erfahrenは他動詞なので，その過去分詞は「経験された」という受動の意味を持つのが自然である．

　(1) Erinnere ich mich an etwas, was ich gestern erfahren habe, so habe ich eine Phantasievorstellung von dem gestern **erfahrenen** Vorgang [...]. (Husserl)（私が昨日経験したことを思い出す場合，私は昨日**経験された**出来事についての想像の表象を持つのである．）

　それに対し，erfahrener Arztのerfahrenは，自動詞の過去分詞gestorben「死んだ」のように能動の意味を持つ．このように，他動詞であっても，その行為を完了したあとに何らかの変化が行為者に生じると認められる場合には，能動の過去分詞が作られると考えられる．

　(2) Es muß überhaupt weit mehr noch Allgemeingut werden für Lehrlinge, Gesellen und Meister im Handwerk, für alle Arbeiter, **gelernte** und **ungelernte** in der Fabrik. (Bichsel)（そもそもそれはさらになお，手工業の徒弟，職人，親方にとって，工場のすべての労働者，**熟練**した者にとっても**熟練していない**者にとっても，共有財産にならねばならない．）

　ほかにもgeschworener Richter「宣誓した裁判官〔陪審裁判官〕」，studierte Frau「大学出の女性」等がある．

　自動詞からも同様の過去分詞が作られる場合がある．例：gedienter Soldat「退役軍人」．dienenは状態の変化を表さない自動詞である．状態の変化を表さない自動詞の過去分詞は，gewesen（< sein）「～であった」，「存在した」のように過去の事態を表すが，gedientはそれとは少し違い，行為を完了したあとの現在の状態を表す．

　gedientの例を見ると，geschworener Richter「宣誓した裁判官〔陪審裁判官〕」のgeschworenやstudierte Frau「大学出の女性」のstudiertは他動詞ではなく自動詞の過去分詞であるかもしれない．ただし，状態の変化を表さない自動詞はgewesen等を除いて付加語的な過去分詞を作らないので（→ 2.3.2.1.），自動詞と見なしても例外的であることに変わりはない．

　ほかに，継続的な事態を表す他動詞が継続的な事態を表す能動の過去分詞を作ることもある．

　(3) **Bediente** [...], die Tabletts mit Erfrischungen präsentierten (Ber-

— 125 —

gengruen)（清涼飲料をのせた盆を差し出していた**召使いたち**）

　上のBedienteは過去分詞bedient「仕えている」が名詞化したもので，動詞 bedienenは人を表す4格を目的語として「ある人に仕える」を意味する．この過去分詞は，上のerfahren「経験豊富な」等とは違い，変化のあとの状態ではなく，現在進行中の継続的な事態を表す．同様の例に bedacht「思慮深い」＜ bedenken「熟慮する」，beredt「雄弁な」＜ bereden「説得する」等がある．

2.3.2.5. 名詞との結びつきの論理性

　現在分詞と同様（→ 2.2.2.2.），過去分詞とそれが修飾する名詞との関係が非論理的に見える場合がある．その一つは，本来は人間全体を形容すべき過去分詞が，人間の体の一部ないしは人間の一部とみなしうるものを表す名詞と結びつく場合である．

　(1) Er [...] merkte, wenn er mit ihr ausging, den **erstaunten** *Blick* manches Vorübereilenden. (Musil)（彼は彼女と外出するたびに，急ぎ足で通り過ぎていく何人もの人々の**驚いた**視線に気づいた．）

　(2) **wohlerzogenes** *Gesicht*（Musil）（育ちのよい容貌）

　(3) aus einem schweren, von Träumen **beunruhigten** *Schlummer*（Bergengruen）（重苦しく，夢で**不安になった**眠りから）

　(4) In der Nachbarnische sang eine Frau laut und mit **betrunkener** *Stimme* [...]. (Kästner)（隣の壁龕では女が大きな**酔っぱらった**声で歌っていた．）

例えば上の (1) の「驚いた視線」は，Der Blick ist erstaunt.「視線は驚いている」とは言わないことを考えれば非論理的である．しかし，ある状態が身体の特定の部分に表れていると考えれば不自然ではなく，また，日本語に逐語的に訳してもあまり違和感を与えない．

　動詞派生の名詞と結びつく過去分詞が，その名詞が表す動きの様態を表すこともある．現在分詞の同じ働きについては上で述べた（→ 2.2.2.2.の(3), (4)）．

　(5) ein hastiges, gleichsam **entsetztes** *Umherlaufen*（Bergengruen）（慌ただしい，いわば**恐怖に駆られた**走行）

上の (5) では，Umherlaufen「走行」がentsetzt「驚愕して」いるわけ

ではない.現在分詞の場合と同様,entsetzt umherlaufen「驚愕して走り回る」が意味の基底にある.
　次のような例も名詞との非論理的な結びつきを示すように見える.
　　(6) in einer **gelehrten** *Zeitschrift* (Bergengruen)（ある学術雑誌に）
　gelehrt は「学識を与えられた」,「学識を得た」という意味を持ち,人間を形容するのが本来の用法である.しかし,gelehrtは「学問上の」,「学問的な」も意味するようになり,(6)のような用法が可能になったのであり,名詞との結びつきが非論理的とまでは言えない.
　それに対し,次の例では名詞との結びつきが非論理的であると言わざるをえない.
　　(7) der **bestimmte** Artikel（定冠詞）
　bestimmtは「定まった」を意味するので,der bestimmte Artikelは「定まった冠詞」を意味するはずである.しかし,「定冠詞」は「どれを指すのかが特定化された対象を表す名詞に付く冠詞」であり,「冠詞」が「定まっている」わけではない.関口存男の言葉を借りれば,「Der bestimmte Artikelは,実はDer bestimmende Artikelの言い損いであり」,der unbestimmte Artikel（不定冠詞）も「Der unbestimmende Artikel」,あるいはもっと厳密に言えば,「Der den ihm nachgesetzten Substantivbegriff in seiner konkreten Diesheit und spezifischen Eigenschaft unbestimmt belassende Artikel［冠詞の後に置かれた名詞概念の具体的な指示性および個的な特性を不定のままにしておく冠詞］の意味」(『冠詞』第二巻,3頁以下,[　] 内の日本語訳は筆者) である.同様に名詞との結びつきが論理的でない例を挙げる.
　　ein **geschlossener** Vokal（閉母音）(「母音」が「閉じている」のではない.「口の中の顎角が閉じた状態で発せられる母音」である)
　　die **erlebte** Rede（体験話法）(「話法」が「体験される」のではない.「語り手が登場人物になりかわって物語世界を体験したかのように登場人物の思考を表す話法」である)

2.3.2.6. 過去分詞が伴うことができる文肢

　自動詞の過去分詞は,その動詞の結合価にしたがって文肢を付加することができる.
　　(1) die Nachricht von der *ihm* **zugefallenen** Erbschaft (Bergengruen)

（彼に転がりこんできた遺産の知らせ）

　　← Die Erbschaft ist *ihm* zugefallen.

(2) Die *mittellos* **gewordene** Familie konnte ihm keine rechte Ausbildung ermöglichen.（Bergengruen）（金のなくなった家族は，彼に正式の教育を受けさせてやることができなかった．）

　　← Die Familie ist *mittellos* geworden.

上の (1) でzufallenは人の3格をとって「ある人のものになる」を意味する．また，(2) でwerdenは述語内容詞となる形容詞や1格の名詞をとって「～になる」を意味する．

他動詞の過去分詞には，状態受動（sein + 過去分詞）や動作受動（werden + 過去分詞）の文で付加できる文肢であれば付加することができる．

(3) die *aus Glanz und Ungewißheit* **gemischte** Zukunft（Musil）（栄光と不確実の混ぜ合わさった未来）

　　← Die Zukunft **ist** *aus Glanz und Ungewißheit* **gemischt**.

(4) eine *von seinem Vater kunstvoll aus Kalbfellen* **genähte** Tasche（Stifter）（父親により技を凝らして子牛の皮を縫って作られた鞄）

　　← Die Tasche ist *von seinem Vater kunstvoll aus Kalbfellen* **genäht worden**.

2.3.2.7. 過去分詞を基礎語とする複合語

過去分詞は，過去分詞を規定する副詞的な要素と結びついてかなり自由に複合語を作ることができる．

(1) die *neu*entstandene Republik Lettland（Bergengruen）（新たに成立したラトヴィア共和国）

(2) mit *fest*geschlossenen Lippen（Musil）（唇を固く閉じて）

(3) ein freundlicher, dicker, *glatt*rasierter Mann（Kafka）（親切で太った，髭をきれいに剃り上げた男）

(4) die *best*geschulten und scharfsinnigsten Leser（Gadamer）（極めてよく鍛えられた，最高度に頭脳明晰な読者）

(5) eine *rot*angestrichene hölzerne Säule（Stifter）（赤く塗られた木製の柱）

(6) das *Frei*gewählte（Gadamer）（自由に選ばれたもの）

(7) [...] sie blieb ein *halb*geborener Mythos.（Musil）（彼女は生まれかけた神話のままであった.）

werden の過去分詞が述語内容詞となる形容詞と結びついて複合語になる場合もある.

(8) [...] immerhin war dann die Ausrede nicht unglaubwürdig, daß er sich vor den *wild*gewordenen Bauern versteckt habe.（Kafka）（それでも，**野蛮になった**百姓たちから彼が身を隠したという言い訳は信じられないものではなかった.）

ただし，geworden は，2.3.2.6. の (2) のように複合語を作らない場合の方が多い.

他動詞の過去分詞は「～によって」という意味の手段や原因等を表す語句に代わる名詞と結びつくことが多い．その場合，手段や原因等を表す前置詞（von, mit, durch 等）を伴わない.

(9) *hand*gehämmerte Raviolipfanne aus Kupfer（Bichsel）（**手打ちの**銅製ラヴィオリ用フライパン）

(10) die reine *selbst*gesetzte Bewegungsvorschrift（Gadamer）（**自己規定された**純粋な運動律）

(11) der *schilf*umstandene Fluß（Bergengruen）（**葦に囲まれた**川）

(12) die uns vertrauteren und durch inhaltliche Traditionen *bedeutungs*beladenen Werke der klassischen Kunst（Gadamer）（我々がもっとよく知っている，内容的伝統によって**意味を負荷された**古典芸術の作品）（← Die Werke sind mit Bedeutung beladen.）

他動詞の過去分詞に 4 格目的語を表す要素が付加される場合があるが，例外的である.

(13) *pflicht*vergessenes Mädchen（Musil）（**義務を忘れた**娘）

過去分詞の複合語からさらに派生語が作られることもある.

Wohlgeformt*heit*（Bergengruen）（形のよさ）＜ wohlgeformt（形のよい）

また，過去分詞が基礎語になるのではないが，過去分詞を前綴りとする分離動詞もある.

verlorengehen（失われる）（新正書法では verloren gehen も可）

gefangennehmen（捕まえる）（新正書法では gefangen nehmen のみ可）

2.3.2.8. 純粋な形容詞と見なされる過去分詞

現在分詞と同様（→ 2.2.7.），形容詞として定着した過去分詞がある．

もとになる動詞が現在では使われていない場合，過去分詞はもとの動詞に還元できないので純粋な形容詞である（以下†は現在使われないことを示す）．

benachbart（隣の）（<†benachbaren）
berühmt（有名な）（<†berühmen）
bewusst（意識した）（<†bewissen）
eingeboren（土着の）（<†eingebären）
entlegen（遠く離れた）（<†entliegen）
gewitzt（抜け目のない）（<†witzen）
verschämt（はにかんだ）（<†verschämen）

もとになる動詞が存在しても，その動詞と過去分詞のあいだに意味のずれが生じ，もとの動詞に還元できない過去分詞は形容詞と見なされる．

angemessen（適切な）< anmessen（測る，†適合させる）
angesehen（名望のある）< ansehen（よく見る，†重要視する）
bekannt（知られている）< bekennen（告白する，†知る）
betreten（狼狽した）< betreten（踏む，†[不幸などが不意に] 見舞う）
gelassen（落ち着いた <†神に身を委ねた）< lassen（放棄する，許す，〜させる）
gemessen（落ち着いた，控えめな <†慎重に測られた）< messen（測る）
geschickt（巧みな）< sich schicken（順応する）< schicken（送る，†整える）
verschieden（異なる）< verscheiden（死ぬ，†分ける）
vertraut（親しい，熟知した <†委ねられた）< vertrauen（信用する〔自動詞〕，†委ねる）
verwandt（親戚の < 関係した <†方向付けられた）< verwenden（使う，†差し向ける）
vollendet（完璧な < 完成された）< vollenden（完成する）
zerstreut（放心した < 心乱れた）< zerstreuen（撒き散らす）

verworren「混乱した」はverwirren「混乱させる」の過去分詞であるが，verwirrenは現代ドイツ語では弱変化動詞であり，過去分詞だけが強変化の

2. 分　　詞

形で形容詞として定着している．

　erhaben「崇高な」はもともとerheben「高める」の過去分詞であった（古高ドイツ語でhebenの不定詞，過去形（1単，1複），過去分詞はheffen – huob, huobum – (ir-)habanであった）が，現代ドイツ語でerhebenの過去分詞はerhobenである．

　過去分詞は多くの場合，状態の変化が完了したあとに結果として残る状態を表す．その際，変化が過去に起こったということが意味に含まれる．それに対し，現在の状態のみに焦点を当てて表現し，それが過去に起こった変化の結果であることを感じさせない意味を表す過去分詞は形容詞として定着している．この場合もとになる動詞と過去分詞のあいだに意味の乖離はない．

　　ausgezeichnet（卓抜な）　　　　bestimmt（定められた）
　　belebt（活気のある）　　　　　entfernt（離れた）
　　ergeben（服従している）　　　　erneut（新たな）
　　gewunden（曲がりくねった）　　kompliziert（複雑な）
　　übertrieben（大げさな）　　　　umgekehrt（逆の）
　　untergeordnet（下位の）

過去分詞が否定を表すun-のついた形で形容詞となっている場合がある．
　　unbedingt（無条件の）　　　　unbekannt（知られていない）
中には，un-のついた形のみが形容詞として定着しているものもある．
　　unbeholfen（ぎこちない）　　　ungezählt（無数の）

　liegenは状態の変化を表さない自動詞であり，標準ドイツ語ではhabenを助動詞として完了形を作るので，付加語的に用いられる過去分詞を作らないはずである．しかし，かつては「横になる，倒れる」という状態の変化を表すことも可能であったため「横になった」という意味の過去分詞gelegenを形成した．これが現代では，状態の変化を前提としない，土地や建物の存在を表す形容詞となっている．

　　(1) Zu ihnen gehörte das in Südlivland **gelegene** Schellenstein.（Bergengruen）（それら［北欧戦争以前に遡る田舎の城］の一つが，南リヴォニアにあるシェレンシュタイン城であった．）

— 131 —

したがって，sein + gelegen という形は完了形ではなく，sein + 形容詞と理解する方が適切である（ただし，南ドイツでは liegen は sein を助動詞として完了形を作ることがあるので，その場合は完了形である）．

(2) Hinterher saßen sie in einer kleinen Weinstube, die in der Nähe des Zeitungsgebäudes **gelegen war**. (Kästner)（そのあとで彼らは，新聞社の近くにある小さなワイン酒場にいた．）

静的な存在を表す gelegen は，現在分詞の liegend に意味的に近似する．

(3) [...] es zeigt an, daß wir auch einen in der Gestaltung selbst **gelegenen** Rhythmus nur hören, wenn wir von uns aus rhythmisieren [...]. (Gadamer)（それは，我々が我々自身の中からリズムを刻む場合にのみ，形態自体の中にあるリズムを我々も聞くのだということを教える．）

(4) Die hinter ihnen **liegenden** Fußstapfen waren jetzt nicht mehr lange sichtbar [...]. (Stifter)（彼らのうしろに残る足跡は今や［降り積もる雪のために］しばらくすると見えなくなっていた．）

ただし，現在分詞の liegend は「横になっている」という形状を意味するのが基本である．gelegen にその意味はなく，単に「存在」を表す．

(5) in dem dürren Grase [...], das wie dünnes Stroh an der Stelle stand und den Anblick der **liegenden** Säule verdeckte (Stifter)（細い藁のようにその場所に立っていて，横になっている柱を見えなくしていた枯れ草の中に）

なお，gelegen はほかに「好都合な」という意味も持つ．（Gelegenheit「機会」，「チャンス」はこの意味から作られた．）また viel とともに用いられて「重要な」という意味も表す．

(6) die Scuderi, der auch viel daran **gelegen**, daß [...] der Schmuck bald in die Hände des rechtmäßigen Eigentümers komme (Hoffmann)（その飾りがすぐに正当な所有者の手に戻ることを非常に気にかけていたスキュデリー嬢）(gelegen の後に war が省略されている)

2.3.3. 述語的に用いられた過去分詞

分詞の述語的用法とは，2.2.3. で述べたように，X = Y「X は Y である」を表す文において，分詞が Y の位置を占める場合を指す．

述語的用法で用いられる代表的な動詞は，sein「〜である」，werden「〜

2. 分　　詞

になる」等の連結動詞である．

ほかに，「XがYであるのを（ある人が）見る」を意味するsehen等の知覚・感覚動詞や，「XをYの状態で保つ」を意味するhaltenや，「XをYの状態でもらう」を意味するbekommen等においても分詞が述語的に用いられる（Xは4格）．

sein＋〈自動詞の過去分詞〉はひとまとまりで完了形という一つの文法範疇を形成し，意味的に分詞をseinから切り離して考えることはできないので，述語的に用いられているとは言いがたい．それに対し，一般に「状態受動」と呼ばれるsein＋〈他動詞の過去分詞〉は，意味的に分詞をseinから切り離してとらえることができ，分詞は形容詞のように用いられているので，述語的と呼ぶことができる．werden＋過去分詞はひとまとまりで「動作受動」という一つの文法範疇を形成し，意味的に分詞を切り離してとらえることができないので述語的ではない（→ 2.3.3.1.）．

A）sein, werden以外の連結動詞＋過去分詞

過去分詞はsein, werden以外の連結動詞（bleiben等）と結んで補足語になる．

（1）Wenn der Kriminalroman sich dadurch empfiehlt, daß er dem Leser erlaubt, sich in den Mörder einzufühlen und die Tat in seiner Seele mitzuerleben, so *bleiben* dem Leser des Detektivromans solche Sensationen **versagt**.（Alewyn）（犯罪小説が読まれる理由が，殺人者に感情移入し，犯行を心の中で同時体験することを読者に許すことにあるとすれば，探偵小説の読者にはその種の扇情は**与えられないまま**である．）

（2）Vieles *erschien* ihm willkürlich und **verworren** [...].（Bergengruen）（多く［の幽霊譚］は，彼には恣意的で**混乱している**ように思われた．）

B）知覚・感覚動詞＋過去分詞

「XがYであるのを（ある人が）見る」を表すsehenのような知覚・感覚を表す動詞は過去分詞を補足語として取る．

（3）[...] bei dem herrlichen, schimmernden Lichterglanz *sehen* sie Dinge auf dem Baume hängen oder auf dem Tische **herumgebreitet** [...].（Stifter）（きらきら瞬く灯の輝きのもとで，彼らは色々なものが木にかかって

いたり，机の上に**広げられている**のを見る．）

(4) Am Morgen werden sie *gefunden*, durch einen Stich der gleichen Waffe **getötet** und ihrer Juwelen **beraubt**. (Alewyn)（朝彼らは同一の凶器で刺し**殺され**，宝石を**奪われている**ところを発見される．）

(5) Die Dame *fühlte* sich dadurch **erleichtert** und dankte mit einem aufmerksamen Blick. (Musil)（婦人はそれで自分の気が**楽になったのを感じ**，じっと見つめて謝意を示した．）

C) glauben + 過去分詞

「XがYであると思う」を意味するglaubenは過去分詞を補足語に取る（知覚・感覚動詞は単純不定詞を取るのに対し，glaubenはzu不定詞を取る動詞である）．

(6) Obgleich der Färber keine Mitgift gegeben hatte und vor dem Tode von seinem Vermögen nichts wegzugeben gelobt hatte, *glaubte* sich die Färberin an diese Dinge doch nicht so strenge **gebunden** [...]. (Stifter)（染め物職人は持参金を出さない，自分の死ぬ前には財産を何も譲り渡さないと宣言していたにもかかわらず，その夫人は，そのことにさして厳格に自分が**拘束されている**とは思っていなかった．）

D) halten + 過去分詞

「XをYの状態で保つ」を意味するhaltenは過去分詞を補足語に取る．

(7) Den Kopf *hielt* er so tief auf die Brust **gesenkt**, daß man kaum etwas von den Augen sah [...]. (Kafka)（彼は頭を胸の方にとても深く**下げて**いたので，人には彼の目のあたりがほとんど見えなかった．）

E) bekommen + 過去分詞

「XをYの状態でもらう」を意味するbekommenは過去分詞を補足語に取る．

(8) [...] mein Dienstmädchen lief jetzt im Dorf umher, um ein Pferd **geliehen** zu *bekommen* [...]. (Kafka)（私の女中が今，馬を**貸してもらう**ために，村の中を走り回っていた．）

ただし，bekommen + 過去分詞は4格目的語を伴わないこともある．

(9) [...] die Kinder *bekamen* an dem Tische **aufgedeckt** wie große

2. 分　　詞

Personen [...]. (Stifter)（子供たちは大人たちと同じように食卓の**準備**をしてもらった。）

　4格目的語が現れないということは，X＝YのXが存在しないということである．X＝YのXがなければ，Yの位置を占める分詞が述語的に用いられているとはもはや言えない．

　なお，X＝YのXが存在しない現象は，1格の主語がない，いわゆる非人称受動のwerden＋過去分詞にも見られる（例：Den Kindern wurden geholfen.「子供たちは手を貸してもらった」）．bekommen＋過去分詞は「間接受動」と呼ばれることがあるが，4格目的語のない「間接受動」の分詞が述語的でないことは，非人称受動の分詞が述語的でないのと同様であると言うことができる．

2.3.3.1.　受動と完了

　動作受動を表すwerden＋過去分詞は古高ドイツ語期（750-1050年）から用いられている．ただし 古高ドイツ語のwerden＋過去分詞は，werden が「なる」を意味することから分かるように，「～された状態に**なる**」という完了的な事態を表した．現代ドイツ語ではEr wird geliebt.「彼は愛されている」のように継続的な事態を表すことができるが，それが可能になったのは初期新高ドイツ語期（1350-1650）以降である．また，1格の主語がない非人称受動は中高ドイツ語期（1050-1350）から多用されている．継続的な事態を表したり，1格主語なしで用いられたりするwerden＋過去分詞はもはやwerdenと過去分詞を分けて意味をとらえることができない．現代ドイツ語のwerden＋過去分詞は，ひとまとまりで「受動」という意味を表す．

　完了形のhaben＋過去分詞，sein＋過去分詞についても，古高ドイツ語初期にはhabenと過去分詞，seinと過去分詞がそれぞれ独立した意味を持っていた．例えば，Er hat es getan.は「彼はそれを行われた状態で持つ」，「彼にはそれが行われた状態にある」を意味した．また，Er ist gekommen.は「彼はやって来てそのままの状態にある」を意味した．しかし，現代ドイツ語ではhaben＋過去分詞およびsein＋過去分詞は，それぞれひとまとまりで「完了形」として使われるようになり，過去分詞単独では意味を表さない動詞からも作られる．例：Er hat in Deutschland gewohnt.「彼はドイツに住んでいた」，Er ist gelaufen.「彼は走った」．完了形は中高ドイツ語期（1050-

1350) になって，現代英語の完了形のように，「～しつづけてきた」という継続や，「～したことがある」という経験の意味を表すことができるようになり，その後，初期新高ドイツ語期に入って単なる過去を表す時称になった．

　状態受動のsein＋過去分詞は古高ドイツ語期から用いられているが，自動詞の完了形のsein＋過去分詞とは異なり，現代ドイツ語においても純粋に過去を表す時称ではない．状態受動のsein＋過去分詞はひとまとまりで独自の意味を表す形式にはなっておらず，seinの意味と過去分詞の意味に分けて解釈することができる．例：Die Tür ist geöffnet.「ドアは開けられた状態にある」．状態受動に使われる過去分詞は述語的に用いられていると言える．

　状態受動と完了形のsein＋過去分詞の違いは時間を表す副詞の用い方に表れる．

　　(1) Die Tür ist *seit gestern* geöffnet.（ドアは昨日から開けてある．）（状態受動）

　　(2) *Die Tür ist *gestern* geöffnet.

　　(3) *Die Tür ist *seit gestern* aufgegangen.

　　(4) Die Tür ist *gestern* aufgegangen.（ドアは昨日開いた．）（現在完了）

　状態受動の (1) はあくまで現在形であり，この文を発話する現在時における「状態」を表す．したがって，seit gestern「昨日から」のように現在に続く時間を表す副詞的な表現を加えることができるが，gestern「昨日」のように事態が生じた一時点を表す副詞を付けることはできない．一方，現在完了形の (4) は過去を表す時称であるので，過去の一時点を指すgesternは付加できるが，現在に続く時間を表すseit gesternは付加できない．

2.3.3.2. 完了形ではないhaben＋過去分詞

　haben＋過去分詞の形を取りながら，意味的に完了形に当たらない場合がある．

　　(1) Er **hat** das Bein **verbunden**.（彼は脚に**包帯をしている**．）

　上の (1) は「彼は脚に包帯をされた状態にある」を意味する．「包帯をする」人は「彼」本人の場合も「彼」以外の人の場合もある．「彼」以外の人の場合，(1) は「彼は他の人によって脚に包帯をされた状態にある」を意味し，この文は**間接受動**の意味を表す．なお，(1) が完了形であれば，Er hat

2. 分　　詞

sich das Bein verbunden.「彼は自分の脚に包帯をした」, Er hat **ihr** das Bein verbunden.「彼は彼女の脚に包帯をした」のように人を表す3格を入れるのが普通である．

間接受動のhaben + 過去分詞はbekommen + 過去分詞との連関で考えると分かりやすい．

　(2) Er *bekommt* das Bein **verbunden**.（彼は脚に包帯をしてもらう．）

bekommen + 過去分詞も間接受動を表すが，完了的な事態を表すのに対し，間接受動のhaben + 過去分詞は結果として残る静的な状態を表す．この違いは状態受動のsein + 過去分詞と動作受動のwerden + 過去分詞の違いになぞらえることができる．

　(3) Die Tür *ist* **geöffnet**.（ドアが開けてある．）
　(4) Die Tür *wird* **geöffnet**.（ドアが開けられる．）

(3) のsein + 過去分詞は，(4) のwerden + 過去分詞で表される事態が生じたあとに結果として残る状態を表すと考えることができる．同様に，間接受動のhaben + 過去分詞はbekommen + 過去分詞が表す事態の結果として残る状態を表す．

なお，英語ではhave + 過去分詞がHe has his watch repaired.「彼は時計を修理してもらう」のように静的な状態ではなく，完了的な事態を表すことができるが，これは英語でbe + 過去分詞が静的状態のみならず動作受動的な意味を表すことに対応している．

間接受動のhaben + 過去分詞は，完了形とは違って，「脚を包帯された状態で保っている」というようにhabenと過去分詞に分けて解釈することができる．つまり，状態受動のsein + 過去分詞と同じく，過去分詞が単独で意味を持つ．

すでに述べたように，(1) は間接受動の意味だけではなく，「彼は自分で脚に包帯をした状態にある」の意味も表すことができる．次の (5) は同様の例である．

　(5) K. horchte, ohne zu telefonieren, den linken Arm *hatte* er auf das
　　　Telefonpult **gestützt** und horchte so.（Kafka）（K.は電話で話をせずに聞いていた．左腕を電話台について，そのまま聞いていた．）

上の (5) は「左腕を電話台についたままにしていた」という静的な状態を表すが，「左腕をつく」のは文の主語の「K.」本人である．このような文

は，状態表現という点では間接受動のhaben＋過去分詞に近く，過去分詞が表す事態の動作主が文の主語と一致するという点では完了形に近い．

2.3.3.3. 状態受動ではないsein＋〈他動詞の過去分詞〉

sein＋〈他動詞の過去分詞〉の形をとりながら，意味的に状態受動に当たらない場合がある．

(1) Wenn weiter nichts dazu gehört, [...] das **ist** *leicht* **getan** [...]. (Grimm)（それ以上に必要なことがなければ，それは**行われるのが容易である**．）

上例の過去分詞getanは「行われれば」という「条件」を表す（→ 2.9.2.5.）．述語内容詞は過去分詞ではなく形容詞leichtである．したがって，上例からgetanを省略することはできるが，leichtを省略することはできない．

Das ist leicht getan. → Das ist leicht.（それは容易である．）
　　　　　　　　　　 → *Das ist getan.（「それは行われた」という意味では可）

形容詞が述語内容詞なので，過去分詞のうしろに置かれてseinと枠構造を作ることがある．

(2) Denn der Mensch und der Meerrettich **sind zerrieben** *am beißendsten*. (Jean Paul)（人間とわさびはすりつぶされた時に最もからいのだから．）

過去分詞が「条件」を表すsein＋形容詞＋過去分詞は，sein＋形容詞＋zu不定詞（→ 1.4.1.2.）に意味的に近い．

2.3.4. 副詞的に用いられた過去分詞

現在分詞と同様（→ 2.2.4.），副詞的に用いられる過去分詞は述語動詞を規定する場合と形容詞や副詞を規定する場合に分けられる．

A) 述語動詞を規定する場合

過去分詞は副詞的に用いられて，文の述語動詞が表す事態を規定する．

(1) [...] die Frau sprang **erschrocken** zur Seite. (Kafka)（夫人は驚いて脇へ跳びのいた．）

2. 分　　詞

　(2) **Verbittert** und **ermattet**, starb er zu Anfang der dreißiger Jahre [...]. (Bergengruen)（陰気になり，衰弱して，彼は30年代初頭に死んだ.）

　過去分詞がliegen「横になっている」のような存在を意味する動詞とともに用いられる場合，意味的に述語的用法（→ 2.3.3.）のsein + 過去分詞（すなわち状態受動）に近い.
　(3) Die linke Hand *lag* **gespreizt** in den vollen Haaren [...]. (Kafka)（左手は開かれて豊かな髪の中に置かれていた.）
　(4) zu seiner Frau, die noch immer an ihn **gedrückt** *dasaß* (Kafka)（依然として彼に身を押しつけて坐っていた彼の妻に）
　(5) Er *stand* in dem einsamen Hohlraum darunter — **unbenetzt**, aber **abgeschnitten**. (Musil)（彼はその［滝の］下の寂しい洞穴の中に立っていた. 濡れずに，しかし孤立して.）
　(6) [...] *sitzt* er **eingeklemmt** in die eisige Steife der Jugend auf dem Sofa [...]. (Musil)（彼は若さの氷のような硬さに挟み込まれて［若さゆえに氷のように固くなって］ソファに座っている.）
　ただし，状態受動の過去分詞は述語的に用いられた補足語であるので削除できないが，(3)-(6)の副詞的な過去分詞は削除しても文が成り立つ.
　Die Tür ist geöffnet.（ドアは開けてある.）
　　→ *Die Tür ist.
　Die linke Hand lag **gespreizt** in den vollen Haaren.（= (3)）
　　→ Die linke Hand lag in den vollen Haaren.
　過去分詞がliegenとともに用いられて述語的な意味を表す場合もある. その場合は過去分詞を省略できない.
　Ich liege **gefangen** und kann nicht heraus.（私は捕えられていて，逃れることはできない.）
　　→ *Ich liege und kann nicht heraus.

B)　形容詞や副詞を規定する場合
　過去分詞は形容詞や副詞にかかり，その形容詞や副詞が表す状態の程度を表す程度副詞のように用いられる.
　(7) von [...] einem **geheuchelt** *arglosen* Ausdruck (Musil)（装われて悪

意のない表情［表面だけ装って悪意のないように見せかけた表情］によって）

2.3.4.1.　kommen＋〈自動詞の過去分詞〉

　kommen「来る」が移動を表す自動詞の過去分詞とともに用いられることがある．過去分詞は移動する際の様態を表す．

　(1) Bald **kam** auch der alte König **gegangen**. (Grimm)（間もなく年取った王も歩いて来た．）

　(2) Als sie es einmal nicht tat, **kamen** die Nachbarn **gelaufen** und fragten: „Ist Linda krank?" (Frankfurter Rundschau, 15. 05. 1997, IDS)（彼女が一度それを行わなかった時には，隣人たちが走って来て，「リンダは病気か」と尋ねた．）

　(3) Ein 36jähriger Autofahrer, der durch die Breite Gasse **gefahren kam**, bemerkte die Mutter zu spät und versuchte im letzten Moment, auszuweichen. (Frankfurter Rundschau, 14. 06. 1999, IDS)（ブライテ・ガッセを車で走って来た36歳の運転手は，その母親に気づくのが遅すぎ，最後の瞬間になって避けようとした．）

　(4) Nach wenigen Minuten **kam** er jedoch zurück an Land **geschwommen** [...]. (Frankfurter Rundschau, 03. 04. 1999, IDS)（しかし数分後に彼は岸に泳いで戻って来た．）

この過去分詞は，副詞的に用いられる現在分詞に意味的に近い．

　(5) [...] die Kinder gelangten **kriechend** und **kletternd** hinaus. (Stifter)（子供たちは這ったり登ったりして外へ出た．）

kommen＋過去分詞に用いられる過去分詞は，述語動詞を規定する副詞的な過去分詞（→ 2.3.4.）であるが，通常の副詞的な分詞とは異なる点がある．すなわち，通常の副詞的な過去分詞は付加語的にも用いることができるが，kommen＋過去分詞で用いられる過去分詞は付加語的に用いられない場合があるということである（→ 2.3.2.1.）．

　Die Frau sprang **erschrocken** zur Seite. (= 2.3.4.のA)の (1)）（夫人は驚いて脇へ跳びのいた．）→ die erschrockene Frau（驚いた夫人）
　Bald **kam** auch der alte König **gegangen**. (= 本節の (1)）（間もなく年取った王も歩いて来た．）→ *der gegangene König

— 140 —

2. 分　　詞

　kommen + 過去分詞の起源については，この過去分詞がもともと不定詞であったという説や非人称受動のような過去分詞であったという説等があるが，はっきりしない．非人称受動について言えば，中高ドイツ語（1050-1350年）で自動詞による受動形が可能であった．

　　dâ **wart** von tûsent helden vil kunsteclîch **geriten**（Nibelungenlied 1891）
　　（そこで何千もの勇者によって非常に巧みに馬乗りが行われた．）

　この過去分詞の用法にもとづいて kommen + 過去分詞が用いられるようになったというのが一つの考えである．その場合，過去分詞は非人称受動と同様「ある動作が行われる」ということを表し，geritten kommen は「馬に乗るということが行われて，来る」を意味した．

　　hin ze Bechelâren **kômen** si **geriten**（Nibelungenlied 1424）（彼らはベヘラーレンへ馬に乗って来た．）

　しかしそれ以外に完了形との関連も考えられる．完了形では，上で見たようにもともと過去分詞と sein および haben がそれぞれ独立した意味を担っていた．その際，自動詞が過去分詞を作るのはその動詞が状態の変化を表す場合だけであった．例えば gehen, laufen, reiten などは場所の移動を表すが，移動の結果を動詞の意味に含まないので状態の変化を表さない動詞であり，したがってかつては過去分詞を作らなかった．しかし完了形の発達に伴い，中高ドイツ語期にはそのような動詞からも完了形が作られるようになっていた．

　　ez ensîn niht kleiniu mære, dar umb' er her **geriten ist**（Nibelungenlied 103）（彼がこちらへ馬に乗って来たのは，些細な用件ではないというように）

　状態の変化を表さない自動詞の過去分詞が sein と結びついて用いられるようになるのに伴い，kommen とも結合して用いられるようになったと考えられる．すなわち，sein + 過去分詞という形がひとまとまりで完了形という文法範疇を表すように，kommen + 過去分詞がひとまとまりで「～して来る」を表すようになったのである．

　現代ドイツ語の kommen + 過去分詞は an-, aus-, her-, daher-, herbei-, herein-, zu- 等の前綴りを持つ分離動詞の過去分詞によって作られることが多い．中でも an- を前綴りとする動詞は非常によく用いられる．

　(6) Auch die Kinder **kamen angelaufen** und betrachteten sich die eindrucksvolle Unfallstelle.（Mannheimer Morgen, 17. 08. 1995, IDS）（子供た

ちも**駆けて**来て，強い印象を与えるその事故現場に見入った．）

2.3.5. 過去分詞による命令表現

過去分詞は単独で命令形のように要求を表すことができる．
　(1) Aufgepasst!（注意せよ！）
　(2) Weggetreten!（解散！）
　(3) Stillgestanden!（気をつけ［直立不動の姿勢を取れ］！）

過去分詞が命令表現となるのは，過去分詞の表す「完了」というアスペクト（Aspekt; 動作様態）が「命令」という話法（Modus）とつながるためだと考えられる．日本語でも，人を追い帰すのに「さあ帰った，帰った」と言ったり，店で売り手が客に対し「買った，買った」と言ったり，相撲で行司が「残った，残った」と言ったりするように，完了的な表現が要求を表す場合がある．

要求を完了表現によって行うということは，事態の実現が切迫した形で求められるということであろう．したがって，個人であれ集団であれ現場で直接相手に命令する軍隊や学校などでこの形式はよく用いられるが，不特定多数の相手に対する不特定な時間における要求，例えば，ある製品に付される注意書きなどにはこの形式は適さない．そのような一般的な断り書きには不定詞が用いられる（→ 1.2.11.）．

過去分詞を命令表現に用いる動詞は限定されていると言ってよい．「窓を閉めろ」というのに Das Fenster zugemacht! とは通常言わない．

他動詞の過去分詞を命令表現に用いる場合，4格目的語を取ることができる．
　(4) Den Rappen gezäumt!（その黒馬に馬勒をつけよ！）
それに対し，4格の再帰代名詞を取る再帰動詞から命令の過去分詞を作る場合は再帰代名詞を付けない．
　(5) Vorgesehen!（気をつけよ！）（< sich vorsehen「気をつける」）
他動詞の過去分詞が4格目的語を取り，再帰動詞の過去分詞が再帰代名詞を伴わないということは，統語的に特殊である．付加語的な過去分詞においては，再帰動詞の再帰代名詞は省略されるが，他動詞の4格目的語を伴うこともない．

2. 分　　詞

der erholte Mann（回復した男）< sich erholen（回復する；→ 2.3.2.2. の(4)）

*der *die Tür* geöffnete Mann（ドアを開けた男）

命令を表す過去分詞は，命令を表す非人称受動のwerden + 過去分詞（例：Jetzt wird aber geschlafen!「もういいかげん寝なさい！」）や，命令を表すhaben + 過去分詞と関連づけて説明されることがあるが，統語的にはどちらとも違う．命令の非人称受動においては，他動詞は4格目的語を伴うことができないのに対し，再帰動詞は再帰代名詞を伴うことができる．

*Es wird den Rappen gezäumt!

Es wird sich vorgesehen!（気をつけよ！）

命令を表す完了形のhaben + 過去分詞においては，他動詞は4格目的語を伴うことができるが，再帰動詞の再帰代名詞も省略されない．

Habt den Rappen gezäumt!（その黒馬に馬勒をつけておけ！）

Habt euch vorgesehen!（気をつけよ！）

以上の違いを表にまとめると次のようになる．

	再帰代名詞	4格目的語
命令の過去分詞	×	○
付加語的過去分詞	×	×
命令の非人称受動	○	×
命令のhaben + 過去分詞	○	○

状況を表す絶対的用法（例：die Finger gelockert「指をゆるめて」；→ 2.9.3.2.）においては，他動詞の過去分詞が4格目的語を伴い，再帰動詞の再帰代名詞は省略されるので，その点では命令の過去分詞と同じである．しかし，状況を表す絶対的用法の4格は身体部位およびそれに準ずるものを表す名詞に限られるので命令の過去分詞とは異なる．

2.4.　未来受動分詞

zu + 現在分詞は「～されうる」，「～されるべき」という受動の可能・必

然を表し，未来受動分詞，あるいは単に未来分詞と呼ばれる．

2.4.1. 未来受動分詞の形態
未来受動分詞は現在分詞の前にzuを置いて作られる．

　　lesen「読む」: 現在分詞 les**end** ＞ 未来受動分詞 **zu** les**end**

歴史的に見れば，未来受動分詞の-endという語尾の形は，現在分詞とは関係がない．zu＋〈不定詞〉-endという不定詞の特殊な形が「受動の可能もしくは必然」を表し，また「受動の必然」という似た意味を表すラテン語の受動的形容詞gerundivumが-and-/-end-という語尾の形を取るということから，-endという語尾が定着した．したがって，現在分詞の一種と見るよりも，zu不定詞が現在分詞の語尾の形をとると考える方が正しい．

　　lesen ＞ zu lesen ＞ zu lesend

分離動詞から未来受動分詞を作る場合は，分離動詞のzu不定詞の作り方にしたがって（→ 1.3.2.）zuをつける．

　　aufnehmen「受け入れる」: auf**zu**nehmen ＞ auf**zu**nehmend

「未来受動分詞」という呼び名は，ラテン語の受動的形容詞gerundivumが「未来の受動」を表すと説明されたことにもとづき，似た意味を表すドイツ語のzu＋〈不定詞語幹〉-endにその記述を当てはめたことに由来する．

2.4.2. 未来受動分詞の意味
未来受動分詞の意味は，zu不定詞を述語的に用いたsein＋zu不定詞（→ 1.4.1.2.）と同様，「～されうる」，「～されるべき」という受動の可能もしくは受動の必然を意味する．

　(1) Ohne jede Zweckbeziehung, ohne jeden **zu erwartenden** Nutzen erfüllt sich das Schöne in einer Art von Selbstbestimmung [...]. (Gadamer)（目的といかなる関連も持たず，何ら**期待されうる**益もなく，美しいものは一種の自己規定によって成就される．）

　　→ Nutzen ist zu erwarten.（利益が期待されうる．）

　(2) Nächtliche Nebel können die am Morgen **aufzunehmenden** Anstricharbeiten im Freien, besonders Eisenschutzanstriche beschwerlich machen. (Bichsel)（朝**取りかからねばならない**屋外での**塗装仕事**，特に鉄を錆から守るための塗装仕事は，夜の霧のためにつらい仕事になる場合がある．）

2. 分　　詞

→ Die Anstricharbeiten sind am Morgen aufzunehmen.（その塗装仕事は朝取りかからねばならない．）

未来受動分詞に難易度を表す形容詞が付加されることがある．その意味も sein + 形容詞 + zu 不定詞の意味に準ずる（→ 1.4.1.2.）．
　ein *leicht* **aufzulösender** Widerspruch.（容易に解決されうる食い違い）
　　→ Der Widerspruch ist leicht aufzulösen.（その食い違いは容易に解決されうる．）

1.4.1.2. で述べられているように，sein + 形容詞 + zu 不定詞においては形容詞が述語内容詞であると見ることもできる．実際，歴史的には，Der Widerspruch ist leicht aufzulösen. は「その食い違いは解決するに容易である」を意味したと考えられている．しかし，それをそのまま付加語的に用いると，ein aufzulösen leichter Widerspruch のように形容詞 leicht が名詞の性・数・格を表す屈折語尾変化をするはずである．そうならないのは，現代ドイツ語においては sein + 形容詞 + zu 不定詞の述語内容詞が形容詞ではなく zu 不定詞であり，形容詞は zu 不定詞にかかる副詞と見なされるためである．

未来受動分詞が「未来」を表すのは，今現在可能もしくは必然である事態は未来にしか実現しえないからである．しかし，ある過去の時点においてある事態が可能もしくは必然である場合もある．その場合，その事態が実現するのは過去の時点から見て未来である．

（3）Das *früher* nur schwer **zu lösende** Problem, verschiedene Waffen einer Vielzahl von Anbietern aufeinander abzustimmen, hat sich erledigt.（Züricher Tagesanzeiger, 17. 12. 1996, IDS）（出処がまちまちな多様な兵器を互いに適合するよう調節するという，**かつては解決しにくかった問題**は片付いた．）

（4）Das *damals* unbedingt **zu errichtende** Beichtzimmer wird heute als Materiallager benutzt.（St. Galler Tagblatt, 15. 12. 2001, IDS）（**当時どうしても設置されねばならなかった**懺悔室は，今日では物置として使われている．）

2.4.3. 未来受動分詞を作ることが可能な動詞

未来受動分詞は他動詞から作られる．

注意すべきは，同じ意味を表すsein + zu不定詞は自動詞からも作られるということである（→ 1.4.1.2.の (28)-(30)）．未来受動分詞が自動詞から作られないのは，分詞は名詞を修飾すべきであるのに，自動詞の受動には修飾すべき名詞が存在しないためである．したがって，本来前置詞格目的語である名詞を修飾する下のような用法は例外と考えるべきである．

(1) Als „nicht **zu verzichtenden** Wirtschaftsfaktor" charakterisierte Annette Geiger vom Tourismusverband Allgäu/Bayerisch-Schwaben die Reiseindustrie. (Süddeutsche Zeitung, 06. 03. 1997, IDS)（旅行産業は「放棄してはならない経済促進要素」であるとバイエルン・シュヴァーベンのアルゴイ観光連盟のアネッテ・ガイガーは言った．）

← auf den Wirtschaftsfaktor verzichten（その経済促進要素を放棄する）

ただし，かつては英語のbe + to不定詞と同様，sein + zu不定詞も「能動」の可能・必然を表すことがあった．同じように未来受動分詞も「能動」の意味を表す場合があり，自動詞から作られる場合があった．

(2) daß man das Geschehene sich eher gefallen läßt, als daß man in ein noch **zu Geschehendes** einwilligt (Goethe)（まだこれから起こるかもしれないことを容認するよりは，すでに起こったことを人は許容するということ）

未来受動分詞は受動を表すので，そこで用いられる動詞は基本的に受動のwerden + 過去分詞を作ることができる他動詞である．bekommen, kosten, 話法の助動詞等は他動詞であっても受動文を作らないので未来受動分詞も作らない．しかし，habenは受動文を作らないにもかかわらず，例外的とは言い難い程に未来受動分詞が用いられる．

(3) Schon allein diese kostenlos **zu habende** Zusammenfassung über ökologisches Bauen sowie zeitgemäße Stadt- und Siedlungsplanung, lohnt den Gang ins Rathaus. (Frankfurter Rundschau, 11. 06. 1997, IDS)（エコロジー的建築ならびに時代対応の都市・居住計画についてのこの無料で入手可能な要旨をもらうためだけにも市役所に行く価値がある．）

2. 分　　詞

2.5. 分詞の名詞化

形容詞が名詞化されて「人」や「もの・こと」を表すように（例：der Vollbärtige「顔中髭の男」(Kafka) ← vollbärtig「顔中髭の」），分詞も名詞化される．
 (1) [...] ging er [...] zwischen **den Rauchenden** [...] auf und ab. (Bichsel)（彼は**喫煙者**のあいだをあちこち歩き回った．）
 (2) daß in allen Spukerzählungen die Erscheinungen **Ermordeter** oder **Hingerichteter** die der natürlich **Gestorbenen** so auffällig und unverhältnismäßig überwögen (Bergengruen)（あらゆる幽霊譚において**殺害されたり処刑されたりした者**の幽霊が自然に**死んだ者**の幽霊よりも目立って，比較にならぬほど多いこと）
 (3) Der Ernst [...] gab ihrem jugendlichen Gesicht *etwas* sehr **Rührendes**. (Musil)（その真面目さが彼女の若い顔にとても**人を感動させるもの**を加えていた．）

名詞化された形容詞が名詞として辞書に載ることがあるように（例：der Alte「老人」, der Fremde「異邦人」），分詞も名詞化された形で辞書に載ることがある．
 der Angeklagte（被告） der Angestellte（勤め人）
 der Behinderte（障害者） der Erwachsene（大人）
 der Gelehrte（学者） die Prostituierte（売春婦）
 der Verwandte（親戚） der Vorgesetzte（上司）
また，分詞は否定を表す un- のついた形で名詞化され，辞書に載る場合がある．例：der **Un**bekannte「知らない人」．

分詞以外の語を含む分詞句全体が名詞化される場合がある．
 die *in Kriegen* Fallenden (Bergengruen)（戦争で死ぬ者たち）
 bei *gewaltsam ums Leben* Gekommenen (Bergengruen)（暴力的に命を失った者たちにおいて）
 das *uns* Begegnende (Gadamer)（我々の身に起こること）

ein *noch nie* Gesehenes（Gadamer）（まだ一度も見たことのないもの）

　分詞を基礎語とする複合語（→ 2.2.6.; 2.3.2.7.）が名詞化される場合がある．例：das Neugeborene「新生児」< neugeboren「生まれたばかりの」．
　分詞句全体が名詞化される場合，das uns Begegnendeのように分詞の頭文字が大文字書きされるが，複合語の名詞化の場合はdas Neugeboreneのように複合語の頭文字が大文字書きされる．また複合語が名詞化された形で辞書に載る場合もある．例：ein Stadtverordneter（Musil）「市会議員」．

　未来受動分詞も名詞化されることがある．この場合，zuのあとの現在分詞の頭文字が大文字書きされる．例：das in dieser Rücksicht zu Sagende「このように考慮して言われるべきこと」．難易度を表す形容詞を伴う未来受動分詞が名詞化される場合も大文字書きされるのは現在分詞の頭文字である．例：etwas sehr *schwer* zu Verstehendes（Musil）「非常に理解しがたいこと」．

2.6.　分詞の否定形

　形容詞がun-を付加することによって否定形を作るように（例：un**möglich**「不可能な」< möglich「可能な」），分詞の否定形もun-を付加することで作られる．
　(1) [...] die Gehilfen hatten, in ihrem immer **unpassenden** Diensteifer, gleich auf K.s Bemerkung hin beide Türflügel geöffnet.（Kafka）（助手たちは，仕事に対するいつもの**不適切な**熱心さで，K.の言葉に従って開き戸を両側とも開いていた．）
　(2) Die so lange **unbeachteten** Gehilfen und Mizzi hatten offenbar den gesuchten Akt nicht gefunden [...].（Kafka）（長いあいだ**無視されていた**助手たちとミッツィは探していた書類を明らかに見つけていなかった．）
　ただし，形容詞がnichtを付加することによって否定形を作る場合があるように（例：**nicht**menschlich「人間でない」< menschlich「人間の」），分詞の否定形がnichtの付加によって作られる場合もある．
　(3) Dazwischen waren auch *nicht***tanzende** Füße zu erblicken.（Bergengruen）（そのあいだに，**踊っていない**足も見つけることができた．）

(4) seit in England 1829 eine *nicht*-**uniformierte** Polizei geschaffen wurde（Alewyn）（イギリスで1829年に**制服を着用しない**警察組織が作られて以来）

未来受動分詞の否定形はun-ではなく，つねにnicht等の否定詞によって作られる．これはsein + zu不定詞の否定形がnichtによって作られることに準ずる．

(5) [...] erzählte das Fräulein, welche tiefe, *nicht* **zu verschmerzende** Kränkung ihr jener unbedachtsame Scherz [...] zugezogen habe.（Hoffmann）（令嬢は，あの軽率な冗談のために，自分がどんなに強烈で**克服しがたい**侮辱を受けたか語った．）

　　← Die Kränkung ist *nicht* zu verschmerzen.（その侮辱は克服しがたい．）

上のnicht zu verschmerzende Kränkungをzu **un**verschmerzende Kränkungと言うことはない．また，zu + 現在分詞以外の要素を否定する場合は，その前に否定詞が置かれる．

(6) eine *nicht* **ernst zu nehmende** Bekanntschaft mit einer Engländerin（Bichsel）（一人の英国女性との**真剣に考える必要のない**出会い）

2.7. 分詞の比較表現

形容詞と同様，分詞も比較表現を作る．
比較変化語尾のない分詞は原級として働く．so +〈比較変化語尾のない分詞〉+ wieは，so +〈原級の形容詞〉+ wieと同様に「同等」を表す．

(1) [...] niemals ist man *so* **entblößt** von sich und eigenen Werken *wie* in dieser Zeit des Lebens [...].（Musil）（人生のこの［兵役の］時期ほど，人が自分自身と自分のそれまでの営みを**奪われて裸になる**時はない．）

(2) Nirgends noch hatte K. Amt und Leben *so* **verflochten** gesehen *wie* hier [...].（Kafka）（職務と生活がここほど**絡み合っている**のをK.はまだどこでも見たことがなかった．）

形容詞に準じて比較級も作られる．

(3) ein viel schöneres und **blühenderes** Tal（Stifter）（ずっと美しくて栄

— 149 —

えている谷）

(4) das **erleichtertere** häusliche Leben der Schusterin（Stifter）（靴屋の妻の，人より楽な家庭生活）

(5) [...] er setzte den Hut tiefer in das Haupt, daß er **geschützter** sei.（Stifter）（彼はもっと身が守られるように，帽子をもっと頭に深くかぶった．）

(6) *Je* mehr wir verweilend uns darauf einlassen, *desto* **sprechender**, desto vielfältiger, desto reicher erscheint es.（Gadamer）（我々が留まってそれに関われば関わるほど，それは意味深く多様で豊かなものに思われる．）

否定のun-がついた形容詞から比較級が作られるように（例：unangenehm「不快な」> unangenehmer「もっと不快な」），un-がついた分詞も比較級を作ることがある．

(7) Man ist **ungeschützter** in dieser Zeit als sonst.（Musil）（人はこの［兵役の］時期にはほかのどの時期よりも無防備である．）

分詞は形容詞に準じて最上級も作る．ただし，-dで終わる形容詞の最上級が-destのようにeを挿入して作られる（例：hold「愛らしい」> holdest, gesund「健康な」> gesündest）のとは異なり，現在分詞においては，eが入らず-dstとなる．発音も-dst［tst ツト］である．

(8) sein **dringendster** Wunsch（Bergengruen）（彼の最も切実な願い）

(9) mit den **erschütterndsten** Beteurungen（Hoffmann）（これ以上ない哀れっぽい嘆願によって）

(10) das **Auffallendste**, was sie in ihrer Umgebung haben（Stifter）（彼らのいる周辺で最も目立つもの）

(11) Diese vollkommene Lautlosigkeit war vielleicht das **Beklemmendste**.（Bergengruen）（この完全な無音の状態が，最も息の詰まるものであったかもしれない．）

弱変化動詞および混合変化動詞の過去分詞は，-tで終わる形容詞（例：bunt「多彩な」> buntest, alt「古い，年取った」> ältest）と同様，eを挿入して最上級を作る．

(12) die größte, **bedachteste** Vorsicht（Hoffmann）（最大の，最もよく考えられた注意）

(13) Sein Stoff ist undelikat, sein Stil nicht immer der **gepflegteste**

2. 分　　詞

[...]. (Alewyn)（その［探偵小説の］素材は上品ではなく，その文体は必ずしも**最も洗練された**ものではない.）

(14) die **entgegengesetzteste** Ecke der zeitgemäßen Möglichkeiten (Musil)（時代に合う可能性の**正反対の極**）

分詞の最上級が-stの付加によってではなく，am meistenによって表されることがある.

(15) Er nennt das Schöne das *am meisten* **Hervorscheinende** und **Anziehende**, sozusagen die Sichtbarkeit des Idealen. (Gadamer)（彼［プラトン］は美を，*最も*光り輝く，**魅力的**なもの，言わばイデア的なものの可視状態と呼ぶ.）

naheliegend「明白な，分かりやすい」のように副詞的な形容詞と分詞から作られた複合語においては，naheとliegendのどちらの語尾が比較級，最上級の変化をするのかが問題になるが，どちらも変化することがある.

　　die viel **näherliegende** Erklärung (Neue Kronen-Zeitung, 07. 03. 1994, IDS)（ずっと分かりやすい説明）

　　eine **naheliegendere** lernpsychologische Erklärung (Nürnberger Nachrichten, 10. 02. 2000, IDS)（もっと分かりやすい，学習心理学的説明）

　　die **nächstliegende** Lösung (Die Presse, 18. 03. 1998, IDS)（最も分かりやすい解決法）

　　die **naheliegendste** Lösung (St. Galler Tagblatt, 15. 12. 1998, IDS)（最も分かりやすい解決法）

なお，分かち書きしたnahe liegendは「近くにある（建物等）」を意味し，比喩的な意味を表すnaheliegend「明白な」と区別するのが建前であった．また，2006年の正書法改定でも，「近くにある（建物等）」はnaheliegendとnahe liegendの両方が可であるが，比喩的な意味の「明白な」は1語で書くのが原則である．しかし，比喩的な意味を表す場合も分かち書きされ，比較級，最上級が作られる場合がある.

　　an einem **näher liegenden** Beispiel (Nürnberger Nachrichten, 07. 08. 2007, IDS)（もっと分かりやすい例にもとづいて）

　　die **am nächsten liegende** Lösung (Rhein-Zeitung, 17. 05. 2008, IDS)（最も分かりやすい解決法）

2.8. 分詞から作られる派生語

形容詞から派生語が作られるように（例：Krankheit「病気」< krank「病気の」），分詞からも派生語が作られる．派生語を作る分詞は大体形容詞として定着している．
    Vergangenheit（過去）< vergangen（過ぎ去った）
    Benommenheit（意識朦朧）< benommen（ぼうっとした）
    Gelegenheit（機会）< gelegen（都合の良い）

2.9. 分詞構文

分詞構文（Partizipialkonstruktion）とは，一般に次のようなものを指す．

① 分詞が形容詞的屈折語尾変化をしない（つまり裸の分詞である）．
② 分詞を核とする句が文相当の機能を持ち，副文に変換することができる．
③ 副文に変換する場合，現在分詞は文の時称と同じ時称の定動詞になり，過去分詞には文の時称と同じ時称のseinが定動詞として付け加えられる（ただし，他動詞の過去分詞は，文と同一時称のwerden＋過去分詞に置き換えられる場合もある）．
④ 1格の主語を構文中に持たない．通常は文の主語が分詞構文の意味上の主語になる．

分詞構文は多くの場合，名詞を規定する機能を持ち，その意味で付加語的に用いられる分詞と同じ役割を果たすと言える．しかし，下の（1）に見られるように，付加語的な分詞は不定詞句を含むような複雑な構造を取ることができないのに対し（→ 2.2.5.），分詞構文は文相当の機能を持つので（2）のように複雑な構造を許す．

    (1) *der den Kranken zu operieren **empfehlende** Arzt（病人を手術することを勧める医者）
    (2) K. setzte sich auf eine Fensterbank, **entschlossen, dort auch die**

2. 分　　詞

Nacht zu verbringen und keinen Dienst sonst von der Familie in Anspruch zu nehmen.（Kafka）（K.は，そこで夜を過ごしても，それ以外にはこの家族から何も援助を求めまいと決心して窓台に腰かけた.）

分詞構文は現在分詞あるいは過去分詞によって作られる．未来受動分詞は分詞構文を作らない．

分詞構文で用いられる分詞の「態」は付加語的に用いられる分詞の場合と同じである．すなわち，現在分詞は能動（→ 2.2.2.），自動詞の過去分詞は能動，他動詞の過去分詞は受動（→ 2.3.2.）を表す．分詞の表す時間についても付加語的に用いられる分詞の場合と同様である（→ 2.2.2.1.; 2.3.2.; 2.3.2.2.; 2.3.2.3.）．

分詞構文は付加語的分詞構文と副詞的分詞構文に大別される．

2.9.1. 付加語的分詞構文

付加語的分詞構文は名詞のうしろに置かれて名詞を規定する，屈折語尾変化のない分詞を核とする構文である．

(1) Peter Bichsel, **geboren 1935 in Luzern**, lebt in Solothurn.（**1935年ルツェルン生まれのペーター・ビクセル**はゾーロトゥルンに暮らしている．）

付加語的分詞構文と副詞的分詞構文の違いは二つある．その一つは位置の固定性である．副詞的分詞構文は，独立した文肢として文の前域（定動詞の前の位置）に置くことが可能であるのに対し，付加語的分詞構文は修飾する名詞のうしろに置かれねばならないので，文の前域に移すことはできない．

(2) Die Eltern, **mit den Taschentüchern winkend**, verabschiedeten sich von ihren Kindern.（両親は，**ハンカチを振って**，自分の子どもたちに別れを告げた．）（副詞的）

→ **Mit den Taschentüchern winkend**, verabschiedeten sich die Eltern von ihren Kindern.

(1') Peter Bichsel, **geboren 1935 in Luzern**, lebt in Solothurn.（付加語的）

→ ***Geboren 1935 in Luzern**, lebt Peter Bichsel in Solothurn.

付加語的分詞構文と副詞的分詞構文の第二の違いは，意味上の主語の制限にある．副詞的分詞構文の意味上の主語は文の主語である（例外については→ 2.9.2.8.）．例えば，(2)の分詞構文の意味上の主語は，die Eltern「両

親」であり，これはverabschiedetenを定動詞とする文の主語である．一方，付加語的分詞構文は前に置かれた名詞を修飾し，その名詞が分詞構文の意味上の主語になるが，文の主語であるとは限らない．

(3) Auf *die Frage*, **beiläufig schon im Gehen gestellt**, [...] erhielt er die Antwort [...]. (Hofmannsthal)（歩くついでにすでに行っていた質問に対して彼は答えをもらった．）

(4) Diese bestehen aus *zwei seitlichen Holmen*, **auch Leiterbäume genannt**, und Sprossen. (Bichsel)（これ［梯子］は，**梯子の親柱とも呼ばれる二本の側面についた親木**と横木からできている．）

上の (3), (4) では，分詞構文の意味上の主語はそれぞれdie Frage「質問」，Holme「親木」であるが，これらは文の主語ではない（文の主語はそれぞれerおよびdieseである）．

ただし，付加語的分詞構文と副詞的分詞構文の境界は曖昧であり，どちらにも解釈可能な場合がある．

(5) Das Publikum, **ausnahmslos elegant gekleidet**, trank Wein, unterhielt sich laut und lachte. (Kästner)（観客は**例外なく品のいい身なりをして**，ワインを飲み，大声で歓談し，笑っていた．）

上の例はdas ausnahmslos elegant gekleidete Publikum「例外なく品のいい身なりをした観客」と言い換えられるので，付加語的分詞構文と見ることができる．しかし，これと似た事態を表す次の (6) が副詞的分詞構文であることを考慮すれば，副詞的分詞構文と見なすこともできる．（付加語的分詞構文であれば名詞のうしろに置かれるので，(6) は付加語的分詞構文ではない．）

(6) Im Türrahmen stand, **mit einem Pyjama bekleidet**, ein dürrer großnasiger Mensch und gähnte. (Kästner)（ドアの縁に，**パジャマをまとって**，痩せさらばえた鼻の大きな人間が立っていてあくびした．）

付加語的分詞構文は形容詞の用法にもとづいている．形容詞も屈折語尾変化なく名詞のうしろに置かれ，その名詞を修飾することができる．この場合も修飾される名詞が文の主語とは限らない．

(7) Matthias fand einen toten jungen *Vogel*, **langhalsig, nackt** und **blauadrig**. (Bichsel)（マティーアスは死んだ，**首が長く，羽毛のない，静脈**

2. 分　　詞

の浮いた一羽の若鳥を見つけた.）

分詞と形容詞が並んで文の主語以外のものを修飾する場合もある.

(8) [...] mit kleinen *Augen*, **prüfend** oder **schläfrig**, sah er K. im Vorübergehen an [...]. (Kafka)（**探るような**, あるいは**眠そうな**小さな目で彼は通りすがりにK.を見た.）

付加語的分詞構文が修飾する名詞は分詞構文の外にあり，分詞構文中に含まれないのが普通である. しかし，次のように分詞が修飾する名詞が分詞構文の中にある場合がある.

(9) Als ich aber meine Handtasche schließe und nach meinem Pelz winke, die Familie beisammensteht, *der Vater* **schnuppernd über dem Rumglas in seiner Hand**, *die Mutter* [...] **tränenvoll in die Lippen beißend** und *die Schwester* **ein schwer blutiges Handtuch schwenkend**, bin ich irgendwie bereit, unter Umständen zuzugeben, daß der Junge doch vielleicht krank ist. (Kafka)（私が手提げ鞄を閉じ，私の毛皮のコートを持ってくるよう合図すると，家族はかたまって立っており，父親は手に持ったラム酒のグラスに鼻を鳴らし，母親は涙をためて唇を噛み，妹はたっぷり血のついたタオルを振っており，そのとき私はなぜだか，場合によっては，少年がひょっとしたら病気であると認めようかという気になった.）

上の例では，der Vater, die Mutter, die Schwesterがそれぞれ分詞によって修飾される名詞でありながら，分詞構文の中に含まれている. それらの名詞はdie Familieと同格の1格であり，die Familie beisammenstehtという文から独立している.

この用法は，独立的1格（→ ドイツ語文法シリーズ第3巻『冠詞・前置詞・格』3.3.3.1.5.）の名詞のうしろに置かれてその名詞を修飾する，屈折語尾変化のない形容詞の用法に由来する. 独立的1格とは次のようなものである.

(10) Ich erwähne doch noch den Spiegel — Biedermeier vielleicht —, beim Trödler gekauft, oval, **schwarzer Rahmen** mit Goldrand. (Bichsel)（私はそれでもなおその鏡について述べよう. それはひょっとしたらビーダーマイアー様式で，古物商で買った，卵形で，金縁のついた**黒い枠**のものである.）

上のschwarzer Rahmen「黒い枠」は文から独立した1格の名詞である.

このような独立的1格に屈折語尾変化のない形容詞がつく場合がある．

 (11) Der andere nämlich [...] war ein stiller, langsam denkender Mann von breiter Gestalt, auch **das Gesicht** *breit*, den Kopf hielt er gesenkt. (Kafka)（つまりもう一人は，静かな，ゆっくりとものを考える，肩幅の広い男で，顔も幅広で，頭を垂れていた．）

上の例でdas Gesicht「顔」が文から独立した1格の名詞であり，屈折語尾変化のない形容詞breitによってうしろから修飾されている．この形容詞が分詞になると，上の（9）のような独立的1格の名詞をうしろから修飾する付加語的分詞構文ができる．

付加語的分詞構文の分詞は決して屈折語尾変化しない．名詞のうしろに置かれた分詞が屈折語尾変化している場合は付加語的分詞構文ではなく名詞の省略である（下の例ではerfundeneのあとにSpukgeschichtenが省略されている）．

 (12) Er begann *Spukgeschichten* zu lesen, **erfunden<u>e</u>** und noch lieber solche, die sich als einfache Berichte gaben. (Bergengruen)（彼は幽霊譚を読み始めた．創作されたものも読んだが，それ以上に好んで読んだのは，単純な報告の体をなしているものであった．）

2.9.2.　副詞的分詞構文

 副詞的分詞構文の意味上の主語は文の主語と一致する．意味上の主語が文の主語と一致するということは，副詞的分詞構文が文の主語の状態を述べる働きをしていることを意味する．その点では付加語的分詞構文と大きな違いはない．しかし，副詞的分詞構文には述語動詞の表す事態を限定する働きがあるので，付加語的分詞構文とは別個に扱う必要がある．

 副詞的分詞構文は意味内容によって様態，方法，時間，原因，条件，認容，比較を表すものに区分される．副詞的分詞構文を副文に変換する場合，その意味に応じた従属の接続詞に導かれる副文に変換される．

2.9.2.1.　様態を表す副詞的分詞構文

 すべての副詞的分詞構文は文の述語が表す事態についての何らかの様態を表す．したがって，方法や原因や条件などの特定の意味に分類できない場合はすべて「様態」を表すと言われる．しかし，副文ではなくあえて分詞構文

2. 分　　詞

を用いるのは，多くの場合，方法，原因，条件等に意味を限定できないためである．その意味では，様態を表す分詞構文こそが典型的な分詞構文であると言うこともできる．

(1) „Unten dürfte es sein, unten", sagte der Vorsteher, **vom Bett aus dirigierend**. (Kafka)（「下かもしれない，下だ」と村長は，ベッドから指揮しながら言った．）

(2) Als er in Tonkas Augen ein Zucken gewahrte, tat es ihm leid, und er bat, **von der entgegengesetzten Angst, ihr wehzutun, befallen** [...]. (Musil)（トンカの目に一瞬の動きを認めたとき彼はつらくなった．そして**彼女を苦しめるのではないかという逆の不安に襲われて**，彼は頼んだ．）

(3) Der Handlungsgehilfe hatte Schmerzen, saß, **zur Seite geneigt**, auf der heilen Sitzhälfte [...]. (Kästner)（店員は痛みがあるので，**体を横に傾けて**，傷のない側の尻で座っていた．）

様態を表す分詞構文は副文に変換される場合，wobei「その際」あるいはindem「～しながら」で導かれる副文になる．

(1') [...] sagte der Vorsteher, **vom Bett aus dirigierend**.
　→ [...] sagte der Vorsteher, *wobei* [*indem*] *er* **vom Bett aus dirigierte**.

2.9.2.2.　方法を表す副詞的分詞構文

副詞的分詞構文は，文の述語が表す事態に対する狭義の「方法」を表す場合がある．この分詞構文はindem「～することによって，～する形で」に導かれる副文に置き換えられる．

(1) **Mit dem Besenstiel hin und her fahrend**, machte Linden die Ritze von verstopfendem Schmutz frei. (Bergengruen)（箒の柄を前後に動かすことによって，リンデンは裂け目から詰まっているごみを除去した．）

　→ *Indem Linden* **mit dem Besenstiel hin und her fuhr**, machte er die Ritze von verstopfendem Schmutz frei.

(2) Das hat schon Aristoteles, **das Denken aller Griechen formulierend**, beschrieben. (Gadamer)（このことはすでにアリストテレスが，あらゆるギリシア人の思想を定式化する形で記述したことである．）

　→ Das hat schon Aristoteles beschrieben, *indem er* **das Denken al-**

ler Griechen formulierte.

2.9.2.3. 時間を表す副詞的分詞構文

文が表す事態に対する時間関係を表す分詞構文は,現在分詞であればwährend「〜するあいだ」, als「〜したとき」によって,過去分詞であればnachdem「〜したあと」によって導かれる副文に置き換えられる.

(1) **Eine dicke Zigarre rauchend**, entwickelte er seinen neuen Plan. (太い葉巻を燻らせつつ彼は自分の新しい計画を開陳した.)

→ *Während er* **eine dicke Zigarre rauchte**, entwickelte er seinen neuen Plan.

(2) **Von seinem Wagen herabgekommen**, stand der Lenker darin, grau wie Packpapier [...]. (Musil)(車から降りて,運転手は包み紙のように蒼白になってその中に立っていた.)

→ *Nachdem der Lenker* **von seinem Wagen herabgekommen** *war*, stand er darin, grau wie Packpapier.

現在分詞による分詞構文は,文の表す事態と同時に進行する事態を表すのが基本であるが,直前に起こった事態を表す場合もある. その場合もalsで導かれる副文に置き換えることができる. alsで導かれる副文は,通常主文の事態と同時の事態を表すが,直前の事態も表すことができるからである.

(3) [...] ein sinnloses, Hilfe suchendes Wort, **durch einen endlosen, einsamen Gang hervorstürzend**, verwandelte sich in seinen Namen [...]. (Musil)(意味をなさぬ,救いを求める言葉は,**無限の孤独の通路を通って飛び出して**,彼の名前に変わった.)

→ *Als ein sinnloses, Hilfe suchendes Wort* **durch einen endlosen, einsamen Gang hervorstürzte**, verwandelte es sich in seinen Namen.

(4) [...] er sank, **den feinen Staub des Giftes einatmend**, augenblicklich tot nieder. (Hoffmann)(彼は,**細かい毒の粉を吸い込むと**,すぐに倒れて死んだ.)

→ *Als er* **den feinen Staub des Giftes einatmete**, sank er augenblicklich tot nieder.

2. 分　　詞

　この場合，分詞構文は文が表す事態よりも前に生じた事態を表すので，多少ニュアンスは変わるとしても，nachdemによる副文に変換することも可能である．

(3') → *Nachdem ein sinnloses, Hilfe suchendes Wort* **durch einen endlosen, einsamen Gang hervorgestürzt** *war*, verwandelte es sich in seinen Namen.

(4') → *Nachdem er* **den feinen Staub des Giftes eingeatmet** *hatte*, sank er augenblicklich tot nieder.

　文が表す事態よりも前に起こった事態を表す現在分詞は過去分詞に置き換えることもできる．ただし自動詞に限られる．他動詞の過去分詞による分詞構文は受動を意味し，能動を表す分詞構文を作ることができないからである．

(3") → Ein sinnloses, Hilfe suchendes Wort, durch einen endlosen, einsamen Gang **hervogestürzt**, verwandelte sich in seinen Namen.

(4") → *Er sank, den feinen Staub des Giftes **eingeatmet**, augenblicklich tot nieder.

　現在分詞による分詞構文を副文に変換する場合，現在分詞を主文の定動詞と同じ時称に変換するのが基本であるのに対し，過去分詞の場合は主文の定動詞と同じ時称のsein動詞を補うのが基本である．その際，seinが付け加えられることによって，自動詞の過去分詞は完了形になり，他動詞の過去分詞は状態受動になる．ただし，他動詞の過去分詞はさらにwordenを補って動作受動（werden＋過去分詞）の完了形にすることもある．

(5) Aus dieser kamen sie bald heraus und hüpften, **von der Mutter mit einem Kreuze besegnet**, fröhlich auf die Gasse.（Stifter）（彼らはそこ［隣室］から出て，母親から十字の祝福を受けたあと，喜んで道へ跳び出した．）

→ Aus dieser kamen sie bald heraus und hüpften fröhlich auf die Gasse, *nachdem sie* **von der Mutter mit einem Kreuze besegnet** *worden waren*.

　上の（5）で動作受動に変換するのは，状態受動ではvon「～によって」で動作主を表すことができないためである．

　4格再帰代名詞を取る再帰動詞の過去分詞による分詞構文を副文に変換する場合は，sein動詞を補ってもよいし，再帰代名詞を復活させ，haben動詞

— 159 —

を補って完了形に変えてもよい．

(6) K., **gewaschen und gekämmt**, saß nun in Erwartung des Hemdes und der Kleider bei Tisch [...]. (Kafka) (K.は，顔を洗い髪をときおわると，シャツと服を待ってテーブルのそばに坐っていた．)

→ K., *nachdem er* **gewaschen und gekämmt** *war*, saß nun in Erwartung des Hemdes und der Kleider bei Tisch.

→ K., *nachdem er sich* **gewaschen und gekämmt** *hatte*, saß nun in Erwartung des Hemdes und der Kleider bei Tisch.

kaum + 過去分詞は「～するやいなや」を表す．

(7) *Kaum* **angelangt**, fühlte er sich wunderbar von der schweigsamen Beständigkeit des Bodens ergriffen. (Bergengruen)（彼は到着するやいなや，その土地の静かな安定感に自分がすっかり魅了されているのを感じた．)

→ *Kaum war er* **angelangt**, da fühlte er sich wunderbar von der schweigsamen Beständigkeit des Bodens ergriffen.

(8) *Kaum* **dort angekommen**, wurde sie aber von Desgrais' Häschern umringt [...]. (Hoffmann)（彼女はそこに到着するやいなや，デグレーの捕吏たちに取り囲まれた．）

→ *Kaum war sie* **dort angekommen**, da wurde sie aber von Desgrais' Häschern umringt.

2.9.2.4. 原因を表す副詞的分詞構文

副詞的分詞構文が文の表す事態の「原因」を表す場合，weil「～であるので」に導かれる副文に変換される．

(1) **Von der ländlichen Arbeit in Anspruch genommen, erfüllt von der zuversichtlichen Hoffnung auf die Lösung jenes Geheimnisses** [...], hatte er keine Teilnahme für die Weltbegebenheiten [...]. (Bergengruen)（田舎仕事に忙殺され，あの秘密を解くという希望はきっとかなうという思いに満たされていたので，彼は世間の出来事に関心を抱かなかった．)

→ *Weil er* **von der ländlichen Arbeit in Anspruch genommen, von der zuversichtlichen Hoffnung auf die Lösung jenes Geheimnisses erfüllt** *war*, hatte er keine Teilnahme für die Weltbegebenheiten.

2. 分　　詞

2.9.2.5.　条件を表す副詞的分詞構文

副詞的分詞構文が文の表す事態の「条件」を表す場合，wenn「～すれば」に導かれる副文に変換される（「条件」を表し，意味上の主語と文の主語が一致しない分詞構文については → 2.9.3.1.）．

　　(1) [...] sie sank um und hätte, **auf der Erde liegend**, fortgeschlafen. (Stifter)（彼女はふらふらと倒れた．**地面によこになったままであれば，眠り続けていただろう．**）

　　　　→ Sie sank um und hätte fortgeschlafen, *wenn sie* **auf der Erde gelegen** *hätte*.

条件を表す分詞構文が他動詞の過去分詞から作られる場合，副文へ変換する際にはsein動詞ではなくwerdenを補って動作受動（werden＋過去分詞）に変えられることが多い．「～されれば」という意味は状態受動よりも動作受動で表現されることが多いためである．

　　(2) Was bedeutete zum Beispiel die bis jetzt nur formelle Macht, welche Klamm über K.s Dienst ausübte, **verglichen mit der Macht, die Klamm in K.s Schlafkammer in aller Wirklichkeit hatte**. (Kafka)（例えば，クラムがK.の仕事に与えたこれまでの単に形式的な力は，**クラムがK.の寝室の中で実際に持っている力と比べれば，**何の意味があったか．）

　　　　→ Was bedeutete zum Beispiel die bis jetzt nur formelle Macht [...], *wenn sie* **mit der Macht verglichen** *wurde*, **die Klamm in K.s Schlafkammer in aller Wirklichkeit hatte**.

2.9.2.6.　認容を表す副詞的分詞構文

通常，分詞構文は文の表す事態に対する順接的因果関係を表すので，原因や条件を表す場合は接続詞を必要としない．それに対し，逆説的関係は接続詞によって明示される必要がある．したがって，認容を表す副詞的分詞構文は，他の副詞的分詞構文とは異なり，接続詞（obwohl, obgleich, wenn auch 等）によって導かれる．

　　(1) Und hier müssen wir eine Einrichtung erwähnen, [...] die, *obwohl* **selten anerkannt**, wie der Amateurdetektiv zum eisernen Bestand des Detektivromans gehört, das Motiv der falschen Spur. (Alewyn)（そしてここで我々は，**認知されることがまれであるにもかかわらず，**素人探偵と同

様，探偵小説の不動の構成要素となっている一つの装置，すなわち，犯人を間違って追跡するというモチーフについて述べなければならない．）

→ Und hier müssen wir eine Einrichtung erwähnen, die wie der Amateurdetektiv zum eisernen Bestand des Detektivromans gehört, *obwohl sie* **selten anerkannt** *ist*, das Motiv der falschen Spur.

ただし，wenn によって導かれる副文がauchやimmerといった認容を明示する副詞を伴わなくとも文脈から認容を表す場合があるように，分詞構文も接続詞を伴わずに文脈から認容を表す場合がある．

(2) [...] **auf die Folter gelegt**, hätte sie nichts bekannt [...]．(Musil)（**拷問にかけられても**，彼女は何も告白しなかっただろう．）

→ *Wenn* **sie auf die Folter gelegt** *worden wäre*, hätte sie nichts bekannt.

認容の分詞構文は認容の接続詞と分詞があれば成立するため，他の分詞構文とは違い，必ずしも文相当である必要がない．そもそも認容の接続詞は，完全な文ではなく，一つの句や一つの語の前に置いて使うことがよくある．

(3) Sein vorbereitetes Auge entdeckte jetzt, **wenn auch** *mit einiger Mühe*, zwei vermauerte Fenster．(Bergengruen)（準備のできていた彼の目はこのとき，いくらか**努力して**ではあったが，二枚の塞がれた窓を見つけた．）

(4) Aber eine solche, **wenn auch** *berechtigte* Befürchtung ist für mich noch kein Grund, die Sache nicht doch zu wagen．(Kafka)（しかし正当であるとしても，その程度の危惧では，私には，その件を断行しない理由にはまだならない．）

2.9.2.7. 比較を表す副詞的分詞構文

比較を表す分詞構文も認容を表す分詞構文と同様，分詞句中にwie「～であるように」等の接続詞を必要とする．また，wieと分詞があれば文相当でなくとも成立する．

(1) [...] *wie* **im Traum irgendwo hinaufgestürzt**, fand er nicht mehr hinunter．(Musil)（夢の中でどこか高いところへ突き上げられたように，彼はもう下へおりることができなかった．）

→ *Wie er* **im Traum irgendwo hinaufgestürzt** *war*, fand er nicht mehr hinunter.

(2) Unwillkürlich, *wie* **von einer innern Macht getrieben**, schleiche ich hinter der Gestalt her. (Hoffmann)（私は思わず，内部の力に駆り立てられるように，その人物のあとにこっそりついていく．）

→ Unwillkürlich, *wie ich* **von einer innern Macht getrieben** *werde*, schleiche ich hinter der Gestalt her.

2.9.2.8. 意味上の主語が文の主語と一致しない副詞的分詞構文

副詞的分詞構文の意味上の主語は文の主語と一致するのが基本であるが，そうならない場合がある．

(1) Matthias erzählt, daß man auf einer Bank in Zürich nachts einen schlafenden Mann gefunden habe. **Geweckt und von der Polizei zur Rede gestellt**, stellte sich heraus, daß er ein Amerikaner war. (Bichsel)（チューリヒのあるベンチで夜眠っている男が発見されたとマティーアスが語る．起こされ，警察に釈明を求められて，その男がアメリカ人であることが明らかになった．）

(2) Aber nun ließ er ihr keine Ruhe. „[…] gibt Ihnen das nicht Mut? Also! — ?" Und nun kam es auch endlich heraus. Langsam. **Stockend. Die Worte verbessernd** […]. (Musil)（しかし彼は彼女に余裕を与えなかった．「勇気がないの？さあ言って」それでようやく彼女の口から出てきた．ゆっくり．口ごもりながら．言葉を訂正しながら．）

上の2例では，分詞構文の意味上の主語はそれぞれ質問を受けた人間であり，文の主語（(1) は daß 文，(2) は es）ではない．このような用法は論理的に見れば不正確であるが，文脈から意味するところが明らかであり，それほど不自然に感じられない．

また，文の主語ではなく，文全体が意味上の主語になるような分詞構文もある．

(3) Allein es war, **offensichtlich von der Dame und ihrem Tänzer unbemerkt**, mit dem Fächer zugleich noch etwas zu Boden gefallen. (Bergengruen)（しかし，明らかにその女性とそのダンス・パートナーに気づかれないまま，扇と同時にもう一つ何かが床に落ちていた．）

上の (3) で分詞構文の意味上の主語は「もう一つ何かが床に落ちていた」という文全体が表す事態である．このように文全体が意味上の主語になる分詞構文にもあまり不自然さは感じられず，そのまま日本語に訳しても違和感はない．

2.9.3. 絶対的用法

　過去分詞から作られる分詞構文の中には絶対的用法とも呼ぶべき用法がある．それには2種類ある．
　一つは条件や比較を表す分詞句であり，もう一つは4格＋過去分詞という形で身体の状態を表す分詞句である．どちらも文中で統語的に独立しているということから絶対的用法と呼ばれる．
　副文に変換可能という意味で，絶対的用法の分詞句も分詞構文の一種と見なすことができるが，他の分詞構文とは異なり，分詞句の意味上の主語が分詞句を除いた文の中にはない．

2.9.3.1. 条件および比較を表す絶対的用法

　分詞構文の意味上の主語は，通例，分詞句を除いた文の中に名詞の形で存在する．それに対し，条件（例：angenommen, ...「～と仮定すれば」）を表す絶対的用法の分詞構文の意味上の主語は分詞句を除いた文の中ではなく，分詞句の中にある．

　(1) **Angenommen, er wäre gestorben** [...], dann würde mich das doch immerhin ein wenig erschüttern. (Bichsel)（**彼が死んだと仮定すれば**，そのことはそれでもなお少しは私にショックを与えるだろう．）

　(2) In den Vereinigten Staaten allein erscheinen Jahr für Jahr allein in Buchform an die fünfhundert Detektivromane, **ungerechnet die Tausende von Detektivgeschichten, die in Magazinen, im Rundfunk und im Fernsehen verbreitet werden**. (Alewyn)（合衆国の中だけでも，**雑誌，ラジオ，テレビで流布する何千もの探偵ものを除くと**，本の形をしたものだけで毎年約500の探偵小説が公刊される．）

　上の2例では分詞の意味上の主語はそれぞれ分詞句の中にある．(1) は er wäre gestorben という文であり，(2) は die Tausende von Detektivgeschichten ... という名詞句である．なお，(2) の分詞の意味上の主語 die

2. 分　　詞

Tausende は基本的には1格であるが4格の可能性もある.

意味上の主語が2格の場合もある.

(3) [...] wurde sie, *alles lachenden Scherzes* **ungeachtet**, doch wieder sehr ernst [...]. (Hoffmann)（あんなに笑って冗談を言っていたにもかかわらず，彼女はまたとても真面目になった.）

そこからdessenungeachtet/desungeachtet「それにもかかわらず」のような複合語も作られる. さらに3格によるdemungeachtet という形もある. 2格が意味上の主語となるタイプの分詞は2格支配の前置詞とも見なされる. 例：**ungeachtet** *der Tatsache*, dass ... 「～という事実にもかかわらず」, **ungerechnet** *der zusätzlichen Unkosten* 「余分な出費を除くと」. また, *von wenigen Ausnahmen* **abgesehen** 「わずかの例外を度外視すると」のように，意味上の主語が前置詞句の場合もある.

接続詞と見なしうる分詞も存在する.

(4) Er kommt bestimmt, **ausgenommen** es gibt Glatteis.（路面が凍結することでもない限り，彼はきっと来る.）

ausgenommen「～は除外されて，～を除いて」は接続詞と見なされることから，文ではなく名詞と結びつけて用いられる場合に，分詞の意味上の主語となる名詞の格が，次の (5) に見られる通り，対応する名詞に合わせて決まるということが起こる（ausgenommenが接続詞でなければ，意味上の主語は4格もしくは1格である）.

(5) Er widerspricht *allen*, **ausgenommen** *dem Vater*.（彼は**父親を除いて**すべての人に反論する.）

上の (5) ではausgenommenの意味上の主語の Vater「父親」は対応する alle「すべての人」の格に合わせて3格になる. これは (5) が下のような文をもとにしているからである.

(5') ← Er widerspricht allen, ausgenommen **er** dem Vater **widerspricht**.

絶対的用法の分詞構文には，offen gesagt「率直に言えば」, streng genommen「厳密に考えると」のように話し手がどのような立場に立って発話するかという条件を表す分詞構文もある.

(6) Das alte Gebäude ließ man verfallen oder, **richtiger gesagt**: ungepflegt als malerisches Denkmal bestehen […]. (Bergengruen)（人はその古い建物を朽ちるに任せていた．あるいは，もっと正確に言えば，絵画的記念物として手を入れないまま残していた．）

(7) **Im Grunde genommen** mag ich die Jahreszeiten nicht. (Bichsel)（突きつめて言えば，私は季節というものが好きではない．）

このような話し手の立場を表す分詞構文は，分詞の意味上の主語が他の絶対的用法の分詞構文とは違って分詞句の中にはなく，また，一般的な分詞構文とも違って，分詞句を除いた文の中にもないという点で特殊である．

話し手の立場を表す分詞構文の特殊性は，分詞構文を副文に変換する際にも表れる．上例（7）の分詞構文を副文に変換する場合，下のaではなく，bのように変換しなければ正確とは言えないであろう．

(7') a → (?) Wenn es im Grunde genommen wird, mag ich die Jahreszeiten nicht.

b → Wenn es im Grunde genommen wird, **wird es von mir gesagt**: Ich mag die Jahreszeiten nicht.

つまり，（7）のim Grunde genommen「突き詰めて言えば，結局のところは」は，「私は季節というものが好きではない」という**事態そのものに対**する条件ではなく，「私は季節というものが好きではない」と**話し手が発話**することに対する前提条件を表す．したがって，im Grunde genommenの意味上の主語は，純論理的にはどこにも存在しない．

im Grunde genommenのような分詞構文はイディオム化されている．ほかにも，anders ausgedrückt「別の表現をすれば」，genau[er] gesagt「［もっと］正確に言えば」，kurz gesagt「要約して言うと」，so betrachtet「このように見ると」，grob geschätzt「おおまかに見れば」等がある．また，im Grunde, kurzのように過去分詞を省略しても同じ意味を表すことができる（副詞が単独で話し手の立場を表す場合については → ドイツ語文法シリーズ第5巻『副詞』5.3.4.5.3．）．

絶対的用法の分詞構文には条件を表す分詞構文のほかに，wie schon gesagt「すでに述べたように」，wie oben erwähnt「上で述べたように」のように比較を表すものもある．

(8) **Wie gesagt**, Cardillac war in seiner Kunst der Geschickteste nicht

2. 分　　詞

sowohl in Paris, als vielleicht überhaupt seiner Zeit. (Hoffmann)(すでに述べたように，カルディヤックはその技術において，パリでというよりはひょっとしたらその時代全体で最高の腕利きであった．)

2.9.3.2.　状況を表す絶対的用法

　状況を表す絶対的用法は，〈4格の名詞〉+〈他動詞の過去分詞〉によって作られる．

　(1) *Die Augen* auf das Schloß **gerichtet**, ging K. weiter [...]. (Kafka)
(目を城に向けて，K.は先へ進んでいった．)

　注意すべきは，通常，4格名詞+過去分詞という分詞句を作ることはできないということである．

　　*Das Fenster **aufgemacht**, rauchte er. (窓を開けて彼は煙草を吸った．)

　この構造が例外的に許されるのは，(1)の「目」のように4格名詞が文の主語の身体部位（もしくはそれに準ずる身につけられるような物）を表す場合に限られる．

　状況を表すこの絶対的用法の4格名詞+過去分詞においては4格名詞が文中で統語的に独立している．身体部位を表す4格が独立的に用いられるという点で，4格+過去分詞は，次のような4格名詞+〈場所を表す前置詞句〉と同タイプと見なすことができる．

　(2) Während der Pause im Kino ging er gemessenen Schrittes, *die Hände* **auf dem Rücken**, zwischen den Rauchenden, die nicht gingen, auf und ab. (Bichsel)(映画の休憩時間のあいだ彼は悠然とした足取りで，手を背に回して，歩かない喫煙者のあいだをあちこち歩き回った．)

　(3) Klamm sollte hier in einem allgemeinen Raum, zwischen anderen Beamten, *den Bleistift* **hinter dem Ohr**, sich drängen müssen? (Kafka)(クラムが普通の部屋でほかの役人たちのあいだにまじって，**鉛筆を耳のうしろにはさんで**，あくせく立ち働かねばならないなどということがあるでしょうか．)

Hand **in Hand**「手に手を取って」，*Kopf* **an Kopf**「ひしめきあって（頭をつけあって）」のようなイディオム化した表現も〈身体部位の4格〉+〈場所の前置詞句〉である．

　状況を表す絶対的用法の分詞構文は次のように現在分詞のhaltendを補う

と理解しやすくなる.

　　die Augen auf das Schloß gerichtet ← die Augen auf das Schloß gerichtet **haltend**（目を城に向けられた状態に**保って**）

　ただし，これは解釈上のことであり，実際に4格名詞+過去分詞+haltendという形が用いられることはない（haltenが本動詞として4格名詞+過去分詞を伴うことはある → 2.3.3.の(7)）．またこれでは，4格の再帰代名詞を伴う再帰動詞が分詞構文において再帰代名詞を伴わないことを説明できない．すなわち，例えばsich zur Seite neigen「体を脇に傾ける」では，**sich** zur Seite geneigt haltend → **sich** zur Seite geneigtとなるはずであるが，実際にはzur Seite geneigtである．次の (4) において，再帰動詞の過去分詞herabgeneigtは再帰代名詞を伴わないが，それと並列する他動詞の過去分詞は4格目的語を伴う．また (5) で，他動詞のneigenの過去分詞は4格目的語を伴うことにも注意されたい．

　(4) Dieser hohe, fest zugeknöpfte Herr, der, *die eine Hand gegen die Wand gestemmt, die andere in die Hüfte, die Beine gekreuzt*, **ein wenig zu K. herabgeneigt**, vertraulich zu ihm sprach, schien kaum mehr zum Dorf zu gehören [...]. (Kafka)（片手を壁に突っ張り，もう片方の手を腰にあて，脚を交差させ，少しK.の方へと身を下に傾けて，隔てなく話しかけるこの背の高い，きっちりボタンをかけた主人は，ほとんどもはや村の人間ではないように見えた．）

　(5) [...] ein alter Bauer, in brauner Pelzjoppe, *den Kopf* seitwärts **geneigt**, freundlich und schwach, stand dort. (Kafka)（一人の年取った農夫が，茶色の毛の上着を着て，**頭を横にかしげ**，親切そうだが弱々しくそこに立っていた．）

　4格名詞+過去分詞は，4格名詞+過去分詞+habendからhabendを省略して作られると考えることもできるが，これも解釈上のことである．4格名詞+過去分詞+habendが実際に使われることはまれであり，使われる場合も，4格名詞+過去分詞とは用法が違う．4格名詞+過去分詞の4格名詞は身体部位等に限られるが，4格名詞+過去分詞+habendは，通常の完了形のように事態が完了したことを表すのに用いられ，4格名詞が身体部位に限定されない．

　(6) *Dies* mit Bedauern **festgestellt habend**, dürfen wir jetzt jedoch um

2. 分　　詞

so freudiger eine neue Erkenntnis begrüßen. (Frankfurter Rundschau, 01. 02. 1997, IDS) (このことを遺憾ながら確認して，我々はしかし今それだけ一層喜んで新たな認識を受け入れることができる．)

一般に4格名詞+過去分詞は文の主語による意図的な動作を表すが，次のように意図的でない事態を表す場合もある．

(7) Und Tonka war gekommen. [...] *die Wangen* von dem raschen Gehn in der Abendluft **gerötet**. (Musil) (そしてトンカはやって来た．夕方の空気の中を急いで歩いたために頬を赤くして．)

4格名詞+過去分詞と4格名詞+現在分詞の違いは時間にある．

(8) „Ein Brief von Klamm!" sagte K., *den Kopf* **zurückwerfend** [...]. (Kafka) (「クラムからの手紙だって」とK.は頭をうしろに反らせながら言った．)

上例の現在分詞zurückwerfendは，K.が「言う」のと同時に「頭を反らせる」行為を行ったことを表す．これが過去分詞でden Kopf **zurückgeworfen**と表現されれば，「頭を反らせた」あとでK.が「言う」ということになる．

4格名詞+過去分詞で表される事態はmit+過去分詞+名詞によっても表される（ただし，この場合は名詞に定冠詞をつけないのが普通である）．

(9) [...] **mit gesenktem Kopf** blieb er auf seiner Bank. (Kafka) (彼は頭を下げたまま膳台にとどまった．)

(10) [...] Tonka lag im Bett **mit geschlossenen Augen** [...]. (Musil) (トンカは目を閉じてベッドに横になっていた．)

(11) [...] **mit weggewandtem Gesicht** begann sie ihre Kleider zu lösen. (Musil) (彼女は顔を背けて服を脱ぎ始めた．)

上のmit+過去分詞+名詞を4格名詞+過去分詞に変換しても意味は変わらない．

(9') **Mit gesenktem Kopf** blieb er auf seiner Bank.
　→ **Den Kopf gesenkt**, blieb er auf seiner Bank
(10') Tonka lag im Bett **mit geschlossenen Augen**.
　→ Tonka lag im Bett, **die Augen geschlossen**.
(11') **Mit weggewandtem Gesicht** begann sie ihre Kleider zu lösen.
　→ **Das Gesicht weggewandt**, begann sie ihre Kleider zu lösen.

参考文献一覧

Brinkmann, Hennig: *Die deutsche Sprache. Gestalt und Leistung.* Schwann, Düsseldorf ²1971.

Dal, Ingerid: *Kurze deutsche Suntax.* Niemeyer, Tübingen 1966 (¹1952).

Donhauser, Karin: Aufgepaßt! ― Überlegungen zu einer Verwendung des Partizips II im Deutschen. In: *Studia Linguistica et Philologica (Festschrift für Klaus Matzel zum 60. Geburtstag).* Hg. v. Hans-Werner Eroms et al. Winter, Heidelberg 1984, S. 367-374.

Duden 1: *Die deutsche Rechtschreibung.* Mannheim ²²2000; ²⁴2006.

Duden 4 *Die Grammatik.* Mannheim ⁵1995; ⁷2006.

Ferenbach, Magda/**Noonan**, Barbara: *Alles ums Attribut. Übungsbuch für Deutsch als Fremdsprache.* Klett, Stuttgart 1987.

Helbig, Gerhard: *Studien zur deutschen Syntax,* Bd. 1. Enzyklopädie, Leipzig 1983.

Helbig, Gerhard/**Buscha**, Joachim: *Deutsche Grammatik. Ein Handbuch für den Ausländerunterricht.* Langenscheidt/Enzyklopädie, Leipzig ¹⁹1999.

Hirao, Kozo: Fügungen des Typus *kam gefahren* im Deutschen. In: *Beiträge zur Geschichte der deutschen Sprache und Literatur.* (Tübingen) 87, 1965, S. 204-226.

Latzel, Sigbert: *haben* + Partizip und ähnliche Verbindungen. In: *Deutsche Sprache.* (Mannheim) Heft 4, 1977, S. 289-312.

Paul, Hermann: *Deutsche Grammatik,* Bd. 3-4. Niemeyer, Tübingen 1968 (Bd. 3: ¹1919, Bd. 4: ¹1920).

――― : *Deutsches Wörterbuch.* Niemeyer, Tübingen ⁸1981; ⁹1992.

Weber, Heinrich: *Das erweiterte Adjektiv- und Partizipialattribut im Deutschen.* Hueber, München 1971.

Weinrich, Harald: *Textgrammatik der deutschen Sprache.* Duden, Mannheim 1993.

在間進:「受動態(Passiv)」について.『ドイツ文学』(日本独文学会) 71, 1983 Herbst, 46-54頁

関口存男:『冠詞』第3巻, 三修社, 1962年

2. 分　　詞

ドイツ語文法シリーズ，大学書林：
 第1巻『ドイツ語文法研究概論』浜崎長寿・乙政潤・野入逸彦, 2000年
 第2巻『名詞・代名詞・形容詞』浜崎長寿・橋本政義, 2004年
 第3巻『冠詞・前置詞・格』成田節・中村俊子, 2004年
 第7巻『語彙・造語』野入逸彦・太城桂子, 2002年

引用文献一覧
Alewyn, Richard: Ursprung des Detektivromans. In: *Probleme und Gestalten*. Insel, Frankfurt a. M. 1974, S. 341-360.
Bergengruen, Werner: Die tanzenden Füße. In: *Zorn, Zeit und Ewigkeit. Erzählungen*. Fischer, Frankfurt a. M. 1969.
Bichsel, Peter: *Die Jahreszeiten*. Suhrkamp, Frankfurt a. M. 1997.
Ebner-Eschenbach, Marie v.: Aphorismen. In: *Das Gemeindekind. Novellen. Aphorismen*. Winkler, München 1978.
Gadamer, Hans-Georg: *Die Aktualität des Schönen*. Reclam, Stuttgart 1986.
Goethe, Johann W. v.: Die Wahlverwandtschaften. In: *Werke*. Hamburger Ausg., Bd. 6. dtv, München 1998, S. 242-490.
Brüder **Grimm**: Märchen von einem, der auszog, das Fürchten zu lernen. In: *Kinder- u. Hausmärchen*. Bd 1. Reclam, Stuttgart 1987, S. 41-51.
――: Das Eselein. In: *Kinder- u. Hausmärchen*. Bd 2. Reclam, Stuttgart 1982, S. 252-255.
Hoffmann, E. T. A.: *Das Fräulein von Scuderi*. Reclam, Stuttgart 1987.
Hofmannsthal, Hugo v.: Andreas. Reclam, Stuttgart 1992.
Husserl, Edmund: *Texte zur Phänomenologie des inneren Zeitbewusstseins (1893-1917)*. Meiner, Hamburg 1985.
IDS: COSMAS I/II, http://www.ids-mannheim.de/
Jean Paul: Siebenkäs. In: *Sämtliche Werke*. Abt. 1, Bd. 2. Hanser, München 1987, S. 7-576.
Kafka, Franz: *Das Schloß*. Fischer, Frankfurt a. M. 1987.
――: Die Verwandlung. In: *Sämtliche Erzählungen*. Fischer, Frankfurt a. M. 1987, S. 56-99.
――: Ein Landarzt. In. *Sämtliche Erzählungen*. Fischer, Frankfurt a. M. 1987, S. 123-128.
――: In der Strafkolonie. In: *Sämtliche Erzählungen*. Fischer, Frankfurt a. M. 1987, S. 100-123.
Kästner, Erich: *Fabian. Die Geschichte eines Moralisten*. dtv, München 1992.
Kleist, Heinrich v.: Das Erdbeben in Chili. In: *Sämtliche Werke und Briefe*. 2. Bd. Hanser, München 1993, S. 144-159.

2. 分詞

Mann, Thomas: [„Ich kann dem Befehl nicht gehorchen"]. In: *Gesammelte Werke in 13 Bdn.* Bd. 13. Fischer, Frankfurt a. M. 1990.
──: Schopenhauer. In: *Gesammelte Werke in 13 Bdn.* Bd. 9. Fischer, Frankfurt a. M. 1990.
Musil, Robert: *Der Mann ohne Eigenschaften.* 1. Rowohlt, Reinbek 1996.
──: Tonka. In: *Gesammelte Werke.* II. Rowohlt, Reinbek 2000, S. 270- 306.
Nibelungenlied: *Das Nibelungenlied.* Hg. v. Helmut de Boor. Brockhaus, Wiesbaden 1979.
Stifter, Adalbert: Bergkristall. Reclam, Stuttgart 1988.

語彙索引

A

ab|lehnen	76
achtungeinflößend	102
an|fangen	71
angemessen	130
angenommen	164
angesehen	130
an|kommen	46
anscheinend	106
an|sehen	78
[an]statt	35, 57, 83
anstrengend	100
[an|]treffen	46
aufgepasst	142
ausgenommen	165
ausgezeichnet	131

B

bedacht	126
bedauern	70
bedeutend	106
bedient	125
befehlen	76-78
beginnen	2, 71
behaupten	79
bekannt	130
bekommen	46, 134, 137
bemerken	78
beredt	126
bereuen	70
berühmt	130
besessen	118
bestätigen	78
bestehen|bleiben/bestehen bleiben	17
bestimmt	131
bewusst	130
bildend	107
bitten	66
bleiben	14, 39, 98, 133
brauchen	47

C

chromblitzend	106

D

damit	81
darauffolgend/darauf folgend	103, 104
dass	68, 71-74, 78, 79, 81-83
dementsprechend	105
diensthabend/Dienst habend	97
drohen	47
dünken	12, 38
durchgehends	101
dürfen	7

E

eilends	101

ein|leuchten	80	gelegen	131
einleuchtend	98	gelehrt	127
entfernt	131	gelernt	125
entscheidend	107	gelten	46
entsprechend	107	gemahlen (< mahlen)	111
erfahren (p.p. < erfahren)	125	gemessen	130
ergeben (p.p. < ergeben)	131	geschaffen/geschafft (< schaffen)	
erhaben	131		111
erkennen	78	geschickt	130
erlauben	2, 76, 77	geschworen	125
erwarten	71	gestehen	70, 79
erwiedern	80	gewesen	110, 114
erzählend	94	glauben	134
		grundlegend	104

F

H

fahren	13		
faszinierend	107	haben	18, 45, 136-138, 143
fertig|bringen/fertig bringen	18	habend	96, 97, 146
fest|stellen	78	halten	134
finden	12, 46, 78, 100	heißen	8, 20, 24, 26
flötenspielend	104	helfen	8, 20, 69
folgend	107	herrschend	98
fühlen	12, 20	hoffen	60
führen	13	hören	12, 20

G

I

gebacken (< backen)	111	immerwährend/immer während	
geben	46		103, 104, 108
gedient	125		
gefangennehmen/gefangen nehmen		## K	
	112	kaum	160
gehen	1, 13	kennen|lernen/kennen lernen	
gelassen	130		16, 17, 111

kommen	13, 140-142	ohne	35, 57, 82
können	7		
könnend	97	**P**	
kopfschüttelnd	104, 108	pflegen	47

L

Q

lassen	8, 20	quälend	107
lebenserhaltend	105		
legen	13	**R**	
lehren	8, 20	raten	2
lernen	2, 8, 20	regnend	95
leugnen	60, 71	reiten	13
liegen	14	reizend	98, 107
liegen|lassen/liegen lassen	16, 17	rückblickend	106
		rührend	107

M

S

machen	8, 20, 46	sagen	80
merken	78	schaffend	103
mitleiderregend/Mitleid erregend	105	schätzen|lernen/schätzen lernen	16
mögen	7	scheinen	38, 98
müssen	7	schenken	46
müssend	98	schicken	13
		schleichend	107

N

schreiben	80
nachtschlafend	95
sehen	12, 20, 78, 133
naheliegend/nahe liegend	151
seiend	89, 95
nennen	8, 26
sein	18, 24, 26, 38-40, 98-100, 132, 135-138
nichtsbedeutend/nichts bedeutend	108
selbstredend	101
senden	13

O

		sitzen|bleiben/sitzen bleiben	16, 17
offen gesagt	165	sitzend	94

sollen	7	ungezählt	131
sollend	98		

V

spazieren|fahren/spazieren fahren	14	verbieten	76
spazieren|gehen/spazieren gehen		vermögen	47
	14, 16, 17, 111	verschieden	130
spazieren|reiten/spazieren reiten	14	versprechen	47, 77
sprechend	106	versuchen	71
spüren	12	vertrauenerweckend/	
statt	35, 57, 83	Vertrauen erweckend	105
stehen	39	vertrauensbildend	105
stehen|lassen/stehen lassen	16	vertraut	131
stillschweigend	103	verwandt	130
studiert	125		
suchen	2		

W

		wachhabend	97
		wagen	75

T

teilhabend	97	weitgehend/weit gehend	103
tun	21	werden	6, 98, 99, 132, 135, 136
		wieder|sehen/wieder sehen	18

U

		wissen	23, 47, 78
überlassen	46	wohlhabend	97
übertrieben	131	wollend	97
überwiegend	107	wünschen	71
überzeugend	107		

Z

um	35, 53, 55, 56, 81, 82		
umfassend	106	zu|gestehen	71
umgekehrt	131	zurückhaltend	98
unbedingt	131	zusehends	101
ungeachtet	165	zwingen	75

ドイツ語事項索引

1. Partizip	1, 88	Infinitiv Präsens Vorgangspassiv	5
2. Partizip	1, 88	Infinitiv Präsens Zustandspassiv	5
absolute Adjektive	54	Infinitiv-Partikel	33
absoluter Infinitiv	56	iterativ	4
Aktionsart	4	kopulatives Verb	95
Aktiv	89	Mittelwort	88
Apposition	96	Modus	1, 142
Aspekt	30, 142	Nennform	2
diminutiv	4	nomen actionis	2, 26, 83
Ersatzinfinitiv	20	nomen substantiae	28
finite Verbform	1	Numerus	1
Genus Verbi	89	Partizip	88
Gerundium	2, 26, 33	Partizip I	1, 88
Gerundiv[um]	88	Partizip II	1, 88
gerundivum	144	Partizip Futur Passiv	88
grammatischer Wechsel	110	Partizip Perfekt	1, 88
Grundform	2	Partizip Präsens	1, 88
historischer Infinitiv	25	Partizip Präteritum	1, 88
infinite Verbform	1, 88	Partizipialkonstruktion	152
Infinitiv	1, 2	Passiv	89
Infinitiv Futur I Aktiv	4	Person	1
Infinitiv Futur II Aktiv	4	progressiver Aspekt	30
Infinitiv mit zu	3	reiner Infinitiv	3
Infinitiv Perfekt Aktiv	4	relative Adjektive	48
Infinitiv Perfekt Vorgangspassiv	5	Tempus	1
Infinitiv Perfekt Zustandspassiv	5	Valenz	95
Infinitiv Präsens Aktiv	4	zu-Infinitiv	2

日本語事項索引

か

感覚動詞	12, 13, 20, 66, 100, 133
関係代名詞	59
間接疑問	23
間接受動	135-138
完了	112-114, 135, 136
強調構文	21
強変化動詞	108
挙形	2
具象名詞	28
形容詞的分詞	98, 106-108, 118, 130-132
結合価	95, 101
原級	149
原形	2
混合変化動詞	108, 110, 150

さ

再帰動詞	27, 103, 118-121, 142, 143, 159, 168
最上級	150, 151
使役の助動詞	8, 12, 13, 20, 66
史的不定詞	25
自動詞	112-114, 116, 121, 125, 127, 140-142, 146, 159
弱変化動詞	108, 150
縮小相	4
述語的分詞	98-100, 132-139
受動	89, 112-114, 135-139, 143-146, 153, 159
受動的形容詞	144
状態受動	117, 118, 122-124, 133, 136-139
状態受動完了不定詞	5
状態受動現在不定詞	5
進行形アスペクト	30
正書法改定	14-18, 35, 103, 105, 108, 111, 112, 151
接合要素	104, 105
絶対的形容詞	54
絶対的用法	56, 57, 83, 143, 164-169
絶対的用法（他動詞の）	99, 100
相関詞	42-45, 48
相対的形容詞	48, 49, 55

た

態	89, 153
代名詞的副詞	41, 42, 48, 60
代用不定詞	20
他動詞	99, 100, 112, 115, 117-119, 121, 122, 125, 142, 143, 146, 159
知覚動詞	12, 13, 20, 66, 100, 133
定形	1
定動詞	1
同格	96
動作受動	117, 118, 122-124, 133, 135, 136
動作受動完了不定詞	5
動作受動現在不定詞	5

動作名詞	2, 26, 83	副詞的分詞	100, 101, 138-142, 156-164
動作様態	142	不定形	1, 88
動名詞	2, 3, 26, 33	不定詞小辞	33
独立的1格	155, 156	分詞構文	152-169
		文法的交替	110

な

能動	89, 112-115, 125, 146, 153, 159	分離動詞	109, 111, 112, 144

ま

能動完了不定詞	4	未来受動分詞	39, 88, 143-146, 149
能動現在不定詞	4	未来の助動詞	6, 74
能動単純未来不定詞	4	名詞化	2, 3, 26-32, 96, 147, 148
能動未来完了不定詞	4	命令	22, 142, 143

は

反復相	4		
比較級	105, 149-151		
否定形	147-150	連結動詞	95, 98, 133

ら

わ

非人称受動	135, 141, 143		
非分離動詞	109		
付加語的分詞	89-98, 112-132, 143-146, 153-156	分かち書き	13-18, 97, 104, 105, 108, 111, 112, 151
付加語文	90, 91, 121-124	話法	142
複合語	103-106, 148, 151	話法の助動詞	7, 74, 77, 78

目録進呈　落丁本・乱丁本はお取替えいたします。

平成 24 年 4 月 10 日　　　©第 1 版発行

著　者	福　元　圭　太	
	嶋　﨑　　　啓	
発行者	佐　藤　政　人	

発　行　所

株式会社　大 学 書 林

東京都文京区小石川 4 丁目 7 番 4 号
振替口座　00120-8-43740番
電話　(03)3812-6281〜3番
郵便番号　112-0002

ドイツ語　不定詞・分詞

ISBN978-4-475-00927-0　　　　　豊国印刷・精光堂

大学書林
語学参考書

著者	書名	判型	頁数
乙政 潤 著	入門ドイツ語学研究	Ａ５判	200頁
乙政 潤 著	日独比較表現論序説	Ａ５判	202頁
浜崎長寿・乙政潤・野入逸彦 編	日独語対照研究	Ａ５判	248頁
乙政潤・ガイド・ヴォルデリング 共著	ドイツ語ことわざ用法辞典	Ｂ６判	376頁
浜崎長寿・乙政潤・野入逸彦 著	ドイツ語文法シリーズ ①ドイツ語文法研究概論	Ａ５判	256頁
浜崎長寿・橋本政義 著	②名詞・代名詞・形容詞	Ａ５判	200頁
成田節・中村俊子 著	③冠詞・前置詞・格	Ａ５判	184頁
浜崎長寿・野入逸彦・八本木薫 著	④動詞	Ａ５判	208頁
井口 靖 著	⑤副詞	Ａ５判	176頁
村上重子 著	⑥接続詞	Ａ５判	208頁
野入逸彦・太城桂子 著	⑦語彙・造語	Ａ５判	196頁
枡田義一 著	⑧発音・綴字	Ａ５判	208頁
乙政潤・橋本政義 著	⑨副文・関係代名詞・関係副詞	Ａ５判	184頁
乙政 潤 著	⑩表現・文体	Ａ５判	192頁
鈴木康志 著	体験話法	Ａ５判	224頁
橋本政義 著	ドイツ語名詞の性のはなし	Ａ５判	152頁
新保雅浩・草本晶 編	ドイツ語分類単語集	新書判	280頁
小島公一郎 著	ドイツ語史	Ａ５判	312頁
塩谷饒 著	ドイツ語の諸相	Ａ５判	216頁
渡辺格司 著	低ドイツ語入門	Ａ５判	204頁
小柳篤二 著	新しい独文解釈法	Ｂ６判	416頁
浜崎長寿 著	ゲルマン語の話	Ｂ６判	240頁
下宮忠雄 著	ゲルマン語読本	Ｂ６判	168頁

―目録進呈―